| | |
|---|---|
| **펴낸이** | 김기훈 · 김진희 |
| **펴낸곳** | (주)쎄듀 / 서울시 강남구 논현로 305 (역삼동) |
| **발행일** | 2018년 9월 14일 제1개정판 1쇄 |
| **내용문의** | www.cedubook.com |
| **구입문의** | 영업본부 |
| | Tel. 02-6241-2007 |
| | Fax. 02-2058-0209 |
| **등록번호** | 제 22-2472호 |
| **ISBN** | 978-89-6806-124-0 |

**저자**

**조현미**  쎄듀 영어교육연구센터 주임연구원
  저서  어휘끝 〈고교기본·수능〉 / Sense Up! 모의고사 〈듣기〉 / 천일문 GRAMMAR
    거침없이 Writing / 리딩 16 등

**정희정**  쎄듀 영어교육연구센터 연구원
  저서  리딩 플랫폼 / 첫단추 BASIC 〈독해편〉 / 첫단추 모의고사 듣기실전편 20회
    수능실감 EBS 변형 독해 모의고사 / 리딩 16

**최세림**  쎄듀 영어교육연구센터 연구원
  저서  리딩 16


**Series Director**

**인지영**  쎄듀 영어교육연구센터 선임연구원
  저서  천일문 〈기본편〉 / 어법끝 Start / 어법끝 5.0 / Power Up! 모의고사 〈어법어휘〉
    Sense Up! 모의고사 〈독해〉 / 문법의 골든룰 101 / 초등코치 천일문 시리즈
    천일문 GRAMMAR / 거침없이 Writing 등


**기획**  푸른나무교육(GTE) Korea
**마케팅**  민혜정, 문병철, 장은비, 정재희
**영업**  공우진, 문병구
**제작**  정승호
**인디자인 편집**  푸른나무교육(GTE) Korea
**디자인**  윤혜영, 이연수
**영문교열**  Adam Miller

# READING 16

LEVEL. 1

# OVERVIEW 이 책의 구성

## ➡ 유형 소개 & 유형 전략

문제 유형별 특징 소개 & 문제 해결 전략 제시

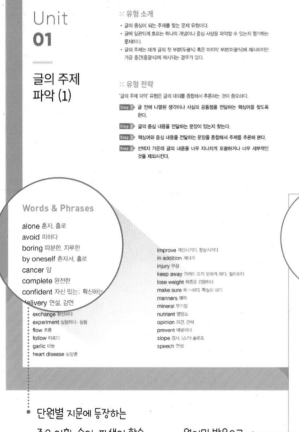

### Unit 01
### 글의 주제 파악 (1)

※ 유형 소개
- 글의 중심이 되는 주제를 찾는 문제 유형이다.
- 글에 일관되게 흐르는 하나의 개념이나 중심 사상을 파악할 수 있는지 평가하는 문제이다.
- 글의 주제는 대개 글의 첫 부분(두괄식) 혹은 마지막 부분(미괄식)에 제시되지만 가끔 중간(중괄식)에 제시되는 경우가 있다.

※ 유형 전략
'글의 주제 파악' 유형은 글의 대의를 종합해서 추론하는 것이 중요하다.
Step 1 글 안에 나열된 생각이나 사실의 공통점을 전달하는 핵심어를 찾도록 한다.
Step 2 글의 중심 내용을 전달하는 문장이 있는지 찾는다.
Step 3 핵심어와 중심 내용을 전달하는 문장을 종합해서 주제를 추론해 본다.
Step 4 선택지 가운데 글의 내용을 너무 지나치게 포괄하거나 너무 세부적인 것을 제외시킨다.

### Words & Phrases

alone 혼자, 홀로
avoid 피하다
boring 따분한, 지루한
by oneself 혼자서, 홀로
cancer 암
complete 완전한
confident 자신 있는; 확신하는
delivery 연설, 강연
exchange 환전하다
experiment 실험하다; 실험
flow 흐름
follow 따르다
garlic 마늘
heart disease 심장병

improve 개선시키다, 향상시키다
in addition 게다가
injury 부상
keep away 가까이 오지 못하게 하다, 멀리하다
lose weight 체중을 감량하다
make sure 꼭 ~하다, 확실히 하다
manners 예의
mineral 무기질
nutrient 영양소
opinion 의견, 견해
prevent 예방하다
slope 경사, (스키) 슬로프
speech 연설

● 단원별 지문에 등장하는
  주요 어휘, 숙어, 파생어 학습

## ➡ 유형별 독해 Example

전략을 적용하여 문제를 해결하는 예시 문제

### Example

다음 글의 주제로 가장 적절한 것은?                정답 및 해설 p.02

Many people walk on treadmills to lose weight and get in shape. But that's often boring and hard on their feet and knees. Riding a spinning bike is more relaxing and burns lots of calories. It improves the health of their heart and lungs, and it gets their legs in shape. It also makes their stomach muscles stronger. People can work out at their own speed and still keep up. And since they exercise with a class, they stay motivated and inspired.

① 체중 감량 방법            ② 스피닝 운동의 이점
③ 꾸준한 운동의 중요성      ④ 몸매가 좋아지는 비결
⑤ 자신에게 맞는 운동 선택 방법

● 원어민 발음으로
  들어보는 지문별 QR코드

### 문제 해결하기

Step 1 **사실이나 생각의 공통적인 핵심어 찾기**
크게 운동과 관련된 말들, 즉 get in shape, riding a spinning bike, burns lots of calories, health, work out, exercise 등이 보인다.

Step 2 **글의 중심 내용을 전달하는 주제 문장 찾기**
두 번째 문장 But that's often boring and hard on their feet and knees.와 그다음 문장 Riding a spinning bike is more relaxing and burns lots of calories.에서 구체적으로 이야기하려는 화제를 꺼내고 있다. 즉 스피닝 운동의 장점을 들고 있다.

Step 3 **핵심어 및 중심 내용을 전달하는 문장을 종합해서 주제 추론하기**
중반 이후 나열되는 내용, 즉 스피닝 자전거를 타는 것은 편하고, 칼로리 소모도 많을 뿐더러, 심장과 폐의 건강을 증진시키고, 배 근육이 더 튼튼해지는 것 등은 스피닝 운동을 통해 얻을 수 있는 이점이므로 ② '스피닝 운동의 이점'이 주제를 나타내고 있다.

Step 4 **지나치게 포괄적이거나 지나치게 세부적인 선택지 제외하기**
답을 맞게 찾았는지 점검하는 단계이다. ① 체중 감량 방법, ④ 몸매가 좋아지는 비결, ⑤ 자신에게 맞는 운동 선택 방법은 모두 지문의 부분적인 정보만 담겨 있고, ③ 꾸준한 운동의 중요성은 지나치게 포괄적이다.

treadmill 러닝 머신  lose weight 체중을 감량하다  get in shape 좋은 몸 상태를 유지하다  boring 지루한  knee 무릎  relaxing 마음을 느긋하게 해주는, 편안한  burn calories 칼로리를 소모하다  improve 개선하다, 향상시키다  lung 폐  stomach 배, 위  muscle 근육  work out 운동하다  at one's own speed 자기만의 페이스로  still 그 후에도, 여전히  keep up 유지하다  inspired 영감을 받는

## ➡ 유형별 독해 Practice

실전 연습을 위한 다양한 소재의 독해 지문 + 심화 학습을 위한 장문 독해

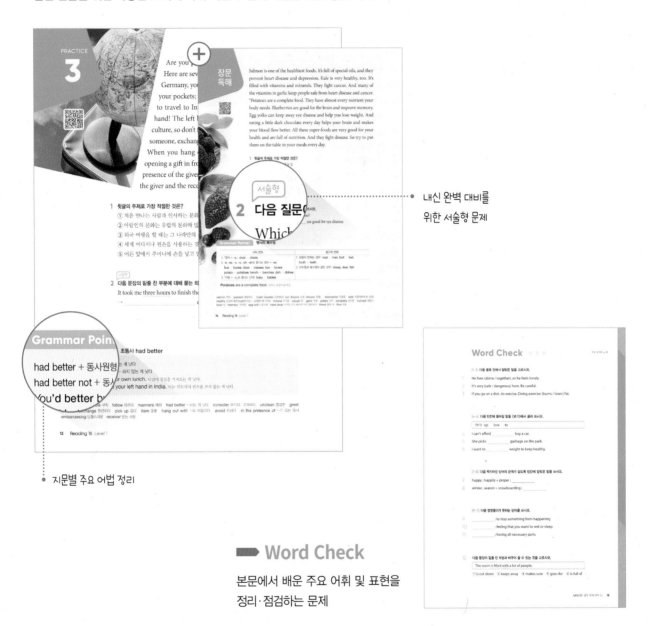

내신 완벽 대비를
위한 서술형 문제

지문별 주요 어법 정리

## ➡ Word Check

본문에서 배운 주요 어휘 및 표현을
정리·점검하는 문제

## ✕ 부가서비스

www.cedubook.com에서 학습을 돕는 다양한 부가서비스를 다운로드하세요.

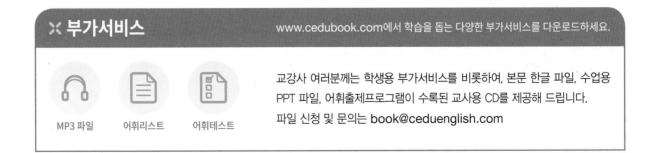

MP3 파일　　어휘리스트　　어휘테스트

교강사 여러분께는 학생용 부가서비스를 비롯하여, 본문 한글 파일, 수업용
PPT 파일, 어휘출제프로그램이 수록된 교사용 CD를 제공해 드립니다.
파일 신청 및 문의는 book@ceduenglish.com

# CONTENTS 목차

# Unit 01

## 글의 주제 파악 (1)

✖ 유형 소개

- 글의 중심이 되는 주제를 찾는 문제 유형이다.
- 글에 일관되게 흐르는 하나의 개념이나 중심 사상을 파악할 수 있는지 평가하는 문제이다.
- 글의 주제는 대개 글의 첫 부분(두괄식) 혹은 마지막 부분(미괄식)에 제시하지만 가끔 중간(중괄식)에 제시되는 경우가 있다.

✖ 유형 전략

'글의 주제 파악' 유형은 글의 대의를 종합해서 추론하는 것이 중요하다.

**Step 1** 글 안에 나열된 생각이나 사실의 공통점을 전달하는 핵심어를 찾도록 한다.

**Step 2** 글의 중심 내용을 전달하는 문장이 있는지 찾는다.

**Step 3** 핵심어와 중심 내용을 전달하는 문장을 종합해서 주제를 추론해 본다.

**Step 4** 선택지 가운데 글의 내용을 너무 지나치게 포괄하거나 너무 세부적인 것을 제외시킨다.

## Words & Phrases

alone 혼자, 홀로
avoid 피하다
boring 따분한, 지루한
by oneself 혼자서, 홀로
cancer 암
complete 완전한
confident 자신 있는; 확신하는
delivery 연설, 강연
exchange 환전하다
experiment 실험하다; 실험
flow 흐름
follow 따르다
garlic 마늘
heart disease 심장병

improve 개선시키다, 향상시키다
in addition 게다가
injury 부상
keep away 가까이 오지 못하게 하다, 멀리하다
lose weight 체중을 감량하다
make sure 꼭 ~하다, 확실히 하다
manners 예의
mineral 무기질
nutrient 영양소
opinion 의견, 견해
prevent 예방하다
slope 경사, (스키) 슬로프
speech 연설

# Example

다음 글의 주제로 가장 적절한 것은?

Many people walk on treadmills to lose weight and get in shape. But that's often boring and hard on their feet and knees. Riding a spinning bike is more relaxing and burns lots of calories. It improves the health of their heart and lungs, and it gets their legs in shape. It also makes their stomach muscles stronger. People can work out at their own speed and still keep up. And since they exercise with a class, they stay motivated and inspired.

① 체중 감량 방법
② 스피닝 운동의 이점
③ 꾸준한 운동의 중요성
④ 몸매가 좋아지는 비결
⑤ 자신에게 맞는 운동 선택 방법

## ✕ 문제 해결하기

**Step 1** 사실이나 생각의 공통적인 핵심어 찾기
크게 운동과 관련된 말들, 즉 get in shape, riding a spinning bike, burns lots of calories, health, work out, exercise 등이 보인다.

**Step 2** 글의 중심 내용을 전달하는 주제 문장 찾기
두 번째 문장 But that's often boring and hard on their feet and knees.와 그다음 문장 Riding a spinning bike is more relaxing and burns lots of calories.에서 구체적으로 이야기하려는 화제를 꺼내고 있다. 즉 스피닝 운동의 장점을 들고 있다.

**Step 3** 핵심어 및 중심 내용을 전달하는 문장을 종합해서 주제 추론하기
중반 이후 나열되는 내용, 즉 스피닝 자전거를 타는 것은 편하고, 칼로리 소모도 많을 뿐더러, 심장과 폐의 건강을 증진시키고, 배 근육이 더 튼튼해지는 것 등은 스피닝 운동을 통해 얻을 수 있는 이점이므로 ② '스피닝 운동의 이점'이 주제를 나타내고 있다.

**Step 4** 지나치게 포괄적이거나 지나치게 세부적인 선택지 제외하기
답을 맞게 찾았는지 점검하는 단계이다. ① 체중 감량 방법, ④ 몸매가 좋아지는 비결, ⑤ 자신에게 맞는 운동 선택 방법은 모두 지문의 부분적인 정보만 담겨 있고, ③ 꾸준한 운동의 중요성은 지나치게 포괄적이다.

---

treadmill 러닝 머신 lose weight 체중을 감량하다 get in shape 좋은 몸 상태를 유지하다 boring 따분한, 지루한 knee 무릎 relaxing 마음을 느긋하게 해주는, 편안한 burn calories 칼로리를 소모하다 improve 개선하다, 향상시키다 lung 폐 stomach 배, 위 muscle 근육 work out 운동하다 at one's own speed 자기의 페이스로 still 그 후에도, 역시 keep up 유지하다 inspired 고무된, 영감을 받은

Here are some tips for snowboarding safely: First, make sure you're in good shape. *Exercise faithfully before the season begins. Next, wear a helmet and goggles, and check that all your equipment is done up properly. Also, do stretching exercises before you begin. And if you're a beginner, don't go on dangerous slopes. In addition, drink enough water during the day. Finally, when you're tired, stop snowboarding. Don't go for "one last run." Follow these tips and you'll avoid many injuries.

**1** 윗글의 주제로 가장 적절한 것은?

① 스노보드 장비의 종류
② 스노보드를 배우는 과정
③ 스노보드가 인기 있는 이유
④ 스노보드 탈 때 안전 유의 사항
⑤ 스노보드 탈 때 준비운동의 중요성

서술형

**2** 다음 문장을 명령문으로 바꾸어 쓰시오.

You should not be late for class.

→ _____ _____ _____ for class.

---

**Grammar Points!**　　**명령문**

'~해라'라는 의미로 상대방에게 명령할 때 쓰는 말이며, 동사원형으로 시작한다. 명령문 앞에 생략된 주어는 you이고 문장 앞, 뒤에 please를 붙이면 '~해 주세요'라고 부탁하는 표현이 된다.
**Exercise** faithfully before the season begins. 시즌이 시작되기 전에 운동을 충실히 해라.
**Boys, be ambitious.** 소년들이여, 야망을 가져라.

부정명령문은 동사원형 앞에 don't를 붙여 나타낸다.
**Don't** go that way. 그 길로 가지 마.

---

tip 정보; 조언(= advice)　safely 안전하게　make sure 꼭 ~하다, 확실히 하다　be in good shape 좋은 건강 상태를 유지하다　exercise 운동하다; 운동　faithfully 충실하게　goggles 고글, 큰 안경(특히 스키용)　equipment 장비(equip(갖추다) + ment(명사형 어미))　be done up (단추 등이) 채워지다　properly 제대로, 적절하게　slope 경사, (스키) 슬로프　in addition 게다가　follow 따르다　avoid 피하다　injury 부상

In the past, most people got married and raised a large family. *Often grandparents lived in the same house. But these days, nearly 300 million people live alone. In the USA, 27 percent of all homes have only one person living in them. But most of them don't feel lonely. They chose to live by themselves. Part of the reason is that they can afford to. And they want to follow their dreams. Not everybody likes living alone — but many people do.

**1** 윗글의 주제로 가장 적절한 것은?
① 독신 생활의 장단점
② 현대 가정의 해체 이유
③ 옛날 대가족 제도의 특징
④ 혼자 사는 사람들의 증가 현상
⑤ 대가족을 이루고 사는 사람들의 특징

서술형
**2** 다음 문장을 과거 시제로 바꾸어 쓰시오.
Harry feels lonely, so he plans to adopt a pet.
→ _____

**Grammar Points!** 과거형 규칙 동사

1. 「동사원형 + -ed」: want – wanted – wanted
2. 「-e로 끝나는 동사원형 + -d」: like – liked – liked
3. 「자음 + -y」로 끝나는 동사: y를 i로 고치고 -ed를 붙임. study – studied – studied
4. 「단모음 + 단자음」으로 끝나는 동사: 끝자음을 한 번 더 쓰고 -ed를 붙임. stop – stopped – stopped
**Often** grandparents **lived** in the same house. 종종 조부모님들이 한집에서 사셨다.
**He liked** her immediately. 그는 곧 그녀를 좋아하게 되었다.
**We carried** this box to the garage. 우리는 이 상자를 차고로 가지고 갔다.
**We planned** our holidays during the summer vacation. 우리는 여름 방학 동안의 휴가 계획을 짰다.

in the past 과거에, 옛날에   get married 결혼하다   raise a family 가정을 꾸리다   often 종종, 자주   grandparents 조부모((할머니와 할아버지))
these days 요즈음   nearly 거의   million 백만의   alone 혼자, 홀로   lonely 외로운   choose to ~하기로 선택하다   by oneself 혼자서, 홀로
reason 이유   afford to ~할 형편이 되다

Are you planning to travel to other countries? Here are several rules to follow. When you go to Germany, you should not talk with your hands in your pockets; it's bad manners. If you are planning to travel to India, *you'd better not use your left hand! The left hand is considered unclean in their culture, so don't forget to use your right hand to greet someone, exchange money, or pick up items at a store. When you hang out with Arabs, you should avoid opening a gift in front of the giver. Opening a gift in the presence of the giver is considered embarrassing to both the giver and the receiver.

**1** 윗글의 주제로 가장 적절한 것은?

① 처음 만나는 사람과 인사하는 문화는 나라마다 다르다.
② 아랍인의 문화는 유럽의 문화와 많이 다르다.
③ 외국 여행을 할 때는 그 나라만의 문화를 따라야 한다.
④ 세계 어디서나 왼손을 사용하는 것은 예의에 어긋난다.
⑤ 어른 앞에서 주머니에 손을 넣고 말하면 안 된다.

서술형

**2** 다음 문장의 밑줄 친 부분에 대해 묻는 의문문을 쓰시오.

It took me three hours to finish the project.

→ ＿＿＿＿＿＿＿ ＿＿＿＿＿＿ did it take you to finish the project?

**Grammar Points!**   조동사 had better

had better + 동사원형: ～ 하는 게 낫다
had better not + 동사원형: ～ 하지 않는 게 낫다
You'd **better** bring your own lunch. 너만의 점심을 가져오는 게 낫다.
You'd **better not** use your left hand in India. 너는 인도에서 왼손을 쓰지 않는 게 낫다.

several 여러 개의   rule 규칙   follow 따르다   manners 예의   had better ～하는 게 낫다   consider 여기다; 고려하다   unclean 불결한   greet 인사하다   exchange 환전하다   pick up 집다   item 물품   hang out with ～와 어울리다   avoid 피하다   in the presence of ～가 있는 데서   embarrassing 당황스러운   receiver 받는 사람

To give a good speech, you must first know what you want to say. But it's also important to know how to say it. That's why you must rehearse your speech. This will show you what works best. Experiment with different ways of speaking. *Try talking faster or slower. Record yourself, and then study your delivery. Or ask friends for their honest opinions. The more you rehearse your speech, the more confident you will become. As the saying goes, "Practice makes perfect."

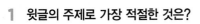

**1** 윗글의 주제로 가장 적절한 것은?
  ① 명연설의 비결
  ② 정직한 연설의 가치
  ③ 연설이 필요한 이유
  ④ 연설 리허설의 중요성
  ⑤ 리허설의 여러 가지 유형

서술형

**2** 우리말과 일치하도록 괄호 안의 단어를 알맞은 형태로 바꾸어 쓰시오.
그는 시험에 합격하기 위해 노력했다.
  → He tried _____ the test. (pass)

---

**Grammar Points!**   try + 동명사 vs. try + to부정사

try 다음에 동명사(-ing)가 오는지 to부정사가 오는지에 따라 의미가 달라진다.
try + 동명사: ~하는 것을 해 보다, (시험 삼아) 해 보다
I will **try eating this.** 나는 이것을 먹어 볼 것이다.
**Try talking** faster or slower. 좀 더 빨리 혹은 좀 더 느리게 말하는 것을 해 보라.

try + to부정사: ~하기 위해 노력하다
I will **try to eat** this. 나는 이것을 먹도록 노력할 것이다.

---

speech 연설  important 중요한  rehearse 리허설을 하다(n. rehearsal 리허설)  work 효과가 있다  experiment 실험하다; 실험  record 녹음하다  yourself 네 자신, 스스로  study 검토하다, 조사하다  delivery 연설, 강연  honest 정직한  opinion 의견, 견해  The more ~, the more … 더 ~할수록 더 …하다  confident 자신 있는; 확신하는  saying 속담, 발언

Salmon is one of the healthiest foods. It's full of special oils, and they prevent heart disease and depression. Kale is very healthy, too. It's filled with vitamins and minerals. They fight cancer. And many of the vitamins in garlic keep people safe from heart disease and cancer. *Potatoes are a complete food. They have almost every nutrient your body needs. Blueberries are good for the brain and improve memory. Egg yolks can keep away eye disease and help you lose weight. And eating a little dark chocolate every day helps your brain and makes your blood flow better. All these super-foods are very good for your health and are full of nutrition. And they fight disease. So try to put them on the table in your meals every day.

**1** 윗글의 주제로 가장 적절한 것은?
① 규칙적인 식사의 중요성
② 건강한 사람들의 식습관
③ 양질의 식품을 고르는 과정
④ 질병 예방에 좋은 건강식품
⑤ 기억력 향상과 음식의 상관관계

서술형

**2** 다음 질문에 맞도록 빈칸에 알맞은 말을 쓰시오.
Which food is good for eye disease?
→ _____ _____ are good for eye disease.

**Grammar Points!** 명사의 복수형

| 규칙 변화 | 불규칙 변화 |
|---|---|
| 1. 「명사 + -s」: chair – chairs<br>2. -s, -ss, -x, -o, -ch, -sh로 끝나는 명사 + -es:<br>　bus – buses, class – classes, box – boxes,<br>　potato – potatoes, bench – benches, dish – dishes<br>3. 「자음 + -y」로 끝나는 단어: baby – babies | 1. 모음이 변하는 경우: man – men, foot – feet,<br>　tooth – teeth<br>2. 단수형과 복수형이 같은 경우: sheep, deer, fish |

**Potatoes** are a complete food. 감자는 완전식품이다.

salmon 연어　prevent 예방하다　heart disease 심장병(cf. eye disease 눈병. disease 질병)　depression 우울증　kale 케일(양배추의 일종)
healthy 건강에 좋은(health(건강) + y(형용사형 어미))　mineral 무기질　cancer 암　garlic 마늘　potato 감자　complete 완전한　nutrient 영양소
brain 뇌　memory 기억(력)　egg yolk 노른자위　keep away 가까이 오지 못하게 하다. 멀리하다　blood 혈액, 피　flow 흐름

# Word Check ✖ ✖ ✖

[1-3] 다음 괄호 안에서 알맞은 말을 고르시오.

1 He lives (alone / together), so he feels lonely.

2 It's very (safe / dangerous) here. Be careful.

3 If you go on a diet, do execise. Doing exercise (burns / loses) fat.

[4-6] 다음 빈칸에 들어갈 말을 〈보기〉에서 골라 쓰시오.

| 〈보기〉 up    lose    to |

4 I can't afford _____ buy a car.

5 She picks _____ garbage on the park.

6 I want to _____ weight to keep healthy.

[7-8] 다음 짝지어진 단어의 관계가 같도록 빈칸에 알맞은 말을 쓰시오.

7 happy : happily = proper : _____

8 winter : season = snowboarding : _____

[9-11] 다음 영영풀이가 뜻하는 단어를 쓰시오.

9 _____ : to stop something from happening

10 _____ : feeling that you want to rest or sleep

11 _____ : having all necessary parts

12 다음 문장의 밑줄 친 부분과 바꾸어 쓸 수 있는 것을 고르시오.

| The room is filled with a lot of people. |

① is cut down   ② keeps away   ③ makes sure   ④ goes for   ⑤ is full of

# Unit
## 02

---

# 글의 주제
# 파악 (2)

- 글의 중심 내용이 글의 주제에 해당하므로, 구체적인 진술보다는 일반적인 진술에서 주제를 찾는다.
- 글의 주제가 명시적으로 드러나지 않는 경우 내용을 종합해서 하나의 공통된 주제를 찾아야 하므로 글을 종합하여 추론하는 능력이 요구된다.

## ✕ 유형 전략

'글의 주제 파악' 유형은 일반적인 진술을 종합하여 답을 찾도록 한다.

**Step 1** 대부분의 글에는 주제문이 제시되어 있으므로 핵심 주제문을 찾도록 한다.

**Step 2** 주제문이 명확하게 제시되어 있지 않을 경우, 주요하게 흐르는 개념이나 생각, 혹은 사실에 대한 공통점을 찾는다.

**Step 3** 글에 있는 생각, 사실의 공통점을 종합해서 주제를 추론해 본다.

**Step 4** 지나치게 포괄적이거나 너무 세부적인 선택지는 제외시키면서 답을 고른다.

## Words & Phrases

amount to ~양에 해당하다
balance 균형
benefit 득을 보다
body weight 체중
branch 나뭇가지
cattle 가축
compete 경쟁하다
conflict 갈등
cooperate 협력하다
culture 문화
desert 사막
disagreement 의견 충돌, 다툼
dull 둔탁한; 윤기 없는

dwelling 주택, 주거
environment 환경
get sick 아프게 되다, 병들게 되다
grow up 자라다, 성장하다
make up ~을 구성하다
meat 고기, 육류
native 원주민, 토착민
pasture 목초지, 목장
plain 평원
raise 사육하다, 기르다
recommend 추천하다, 권장하다
solution 해결책
struggle 다툼, 분쟁

# Example

**다음 글의 주제로 가장 적절한 것은?**

My favorite class is physical education. I love sports and exercising in the gym. I enjoy everything from baseball to basketball to soccer. I'm top in my class for gymnastics and wrestling. When I grow up, I want to teach physical education. My teacher lets me help other students when they don't know something. He encouraged me to follow my dream. But he also told me that I need to have good marks in all my other classes, too.

① 체육 수업의 내용
② 내가 가장 잘하는 과목
③ 좋은 성적을 받는 방법
④ 좋아하는 스포츠의 종류
⑤ 체육 교사의 꿈을 가지게 된 배경

## ✖ 문제 해결하기

**Step 1 주제문 찾기**
한 문장으로 집약된 주제문이 없으므로 공통점이 있는 어구나 표현들을 찾아본다. My favorite class, physical education, love sports and exercising, baseball, basketball, gymnastics, wrestling 등 좋아하는 체육 종목이나 스포츠 등 체육과 관련된 것들이 많이 언급되고 있다.

**Step 2 핵심적인 생각 또는 사실에 대한 공통점 찾기**
문장 중간에 When I grow up, I want to teach physical education.(커서 체육을 가르치고 싶다.)은 꿈을 말하고 있고, He encouraged me to follow my dream.(선생님이 꿈을 좇으라고 격려해 주셨다.) 이라고 했다.

**Step 3 글에 나타난 개념/생각 또는 사실의 공통점을 종합해서 주제 추론하기**
글쓴이는 체육 교사가 되고 싶다는 꿈을 갖고 있는데, 체육을 좋아하고, 여러 가지 스포츠를 좋아하거나 즐기기 때문이고, 선생님도 격려를 해주시고 있다고 했으므로 ⑤ '체육 교사의 꿈을 가지게 된 배경'이 글의 주제로 적절하다.

**Step 4 지나치게 포괄적이거나 세부적인 선택지 제외하기**
답을 맞게 찾았는지 점검하는 단계이다. ① 체육 수업의 내용, ② 내가 가장 잘하는 과목, ④ 좋아하는 스포츠의 종류는 지문의 부분적인 정보만 담고 있으며, ③ 좋은 성적을 받는 방법은 본문에서 언급된 good marks하 고만 연관성이 있을 뿐 전혀 다른 관점이다.

favorite 가장 좋아하는   physical education 체육(= P.E.)   gym 체육관   top 최고의, 최상의   gymnastics 체조   grow up 자라다, 성장하다   want to ~하고 싶다   let ~하게 해 주다   something 어떤 것   encourage 격려하다; 권하다   follow 따르다   need to ~할 필요가 있다   mark 점수

\*If you find your silverware looking dull these days, aluminum foil could be a wonderful solution. First, line a pan with a sheet of aluminum foil. Next, fill it with cold water and add two teaspoons of salt. Put your old silverware into the pan and wait for a few minutes. Finally, wash and dry it, and you will have silverware as good as new.

**1** 윗글의 주제로 가장 적절한 것은?

① 식사를 할 때 식기류의 위생은 가장 중요하다.

② 은 식기류는 쓰지 않을 때 알루미늄 포일에 포장해둔다.

③ 식기류는 한 달에 두 번 소금물에 삶아야 한다.

④ 오래된 은 식기류는 알루미늄 포일로 새것처럼 만들 수 있다.

⑤ 오래된 식기류는 정기적으로 교체해야 한다.

> 서술형

**2** 우리말과 일치하도록 빈칸에 알맞은 말을 쓰시오.

피자는 맛이 좋았지만, 파스타는 맛이 형편없었다.

→ Pizza tasted _____, but pasta tasted _____.

---

**Grammar Points!**　**감각동사**

감각동사(look, smell, feel, taste, sound)는 2형식 동사로 보어로 형용사만 쓰인다.

감각동사 + 형용사

감각동사 + like 명사

My silverware **looks** dull these days. 내 은 식기류가 요즘 윤기가 없어 보인다.

It **sounds like** a good idea. 그것은 좋은 생각처럼 들린다.

---

silverware 은 식기류　look ~처럼 보이다　dull 둔탁한; 윤기 없는　these days 요즘　aluminum foil 알루미늄 포일　solution 해결책　line 안을 대다, 깔다　sheet (얇은) 한 장　finally 마지막으로; 마침내　dry 말리다　as good as new 마치 새것과 같은

People with different needs and goals often have conflicts or struggles. But we must work together to get things done. Here are five things to keep in mind:

(1) *When we compete, we insist on our own way.

(2) If a disagreement isn't important, we can avoid conflict.

(3) We can agree and cooperate, so that all sides benefit.

(4) Sometimes we can give in to a few of the other side's wishes to make them happy.

(5) Working together and using everyone's ideas is best, but it takes a lot of time.

**1** 윗글의 주제로 가장 적절한 것은?

① 욕구의 다양성

② 목표 설정의 중요성

③ 협력과 행복의 관계

④ 갈등 해결을 위한 방법

⑤ 의견 수렴을 위한 고려사항

[서술형]

**2** Which is the best way to solve conflicts?

_____ together and using _____ _____ is the best way to solve conflicts.

---

**Grammar Points!** 접속사 when

'~할 때'라는 의미로 시간을 나타내는 접속사로 when 부사절은 주절의 앞에 올 수도 있고, 뒤에 올 수도 있다.

**When** we compete, we insist on our own way. 우리는 경쟁할 때 자기주장을 강하게 펼친다.

Don't speak **when** you cough a lot. 기침을 많이 할 때는 말을 하지 마라.

---

need 필요; 욕구   often 종종, 자주   conflict 갈등   struggle 다툼, 분쟁   keep in mind 마음에 새기다   compete 경쟁하다   insist on ~을 주장하다   one's own way 자신의 방식   disagreement 의견 충돌, 다툼(v. disagree 동의하지 않다 / ↔ agreement 동의)   important 중요한   avoid 피하다   cooperate 협력하다   so that ~하도록   side 편, 쪽   benefit 득을 보다   give in to ~에 동의하다[굴복하다]

Drinking water is very important for our health. Water makes up more than two-thirds of our body weight. We lose a large amount of water every day, so we need to drink a lot of water to replace the lost water each day. The WHO recommends that people drink 8~10 cups of water a day to keep healthy. This amounts to 1.5~2 liters. *If we don't drink enough water, we cannot keep a good balance of body fluids, and we will get sick more easily.

**1** 윗글의 주제로 가장 적절한 것은?

① 체내 수분의 역할

② 깨끗한 물의 보존

③ 오염된 물로 인한 질병

④ 바람직한 건강 유지 방법

⑤ 일일 권장량의 수분 섭취의 중요성

서술형

**2** 다음 질문에 알맞은 답을 윗글을 참조하여 빈칸에 쓰시오.

How many cups of water should we drink every day?

→ We should drink _____.

---

**Grammar Points!**  **get + 형용사**

2형식 문장 구조(주어 + 불완전자동사 + 보어)인 『get + 형용사』는 '~하게 되다'라는 의미이며 get 대신 become을 쓰기도 한다.

We will **get sick** more easily. 우리는 더 쉽사리 병들게 될 것이다.

She's **getting tired**. 그녀는 피곤해지고 있다.

Judy's poem **became** popular. Judy의 시가 인기를 끌었다.

---

**important** 중요한  **make up** ~을 구성하다  **more than** ~ 이상  **two-thirds** 3분의 2  **body weight** 체중  **a large amount of** 많은 양의  **need to** ~할 필요가 있다  **replace** 대신하다, 대체하다(re(다시) + place(놓다))  **WHO** 세계보건기구(World Health Organization)  **recommend** 추천하다, 권장하다  **keep healthy** 건강을 유지하다  **amount to** ~ 양에 해당하다  **balance** 균형  **fluid** 액체, 유동체  **get sick** 아프게 되다, 병들게 되다

\*There are different kinds of houses in different cultures and environments. In the deserts of Morocco, the Berbers build homes of sun-dried mud bricks. Certain fishermen in Sabah, Malaysia build homes on top of wood poles in the sea. In Andalusia, Spain, people live in houses like caves carved into the mountains. In the southern Philippines, the Bagobo people build their homes up in tree branches. In the Gobi Desert, many Mongolians have <u>dwellings</u> made of cloth. They often move these homes to new pastures.

**1** 윗글의 주제로 가장 적절한 것은?

① 친환경 미래 주택

② 사막과 초원의 생활 비교

③ 환경이 문화에 미치는 영향

④ 환경에 따라 다양한 주거 형태

⑤ 세계 각국의 전통 가옥 보존 방법

서술형

**2** 밑줄 친 dwellings가 의미하는 바를 본문에서 찾아 쓰시오.

→ _____

---

**Grammar Points!**　　**There is/are ~**

'~이 있다'는 의미로 주어가 be동사 다음에 오며, 『There is + 단수명사 / There are + 복수명사』의 형태를 갖는다. 부정문은 be 동사 뒤에 not을 붙여 There isn't / aren't ~로 쓰인다.

**There are** different kinds of houses in different cultures and environments.
다양한 문화와 환경 속에 다양한 종류의 주택이 있다.

---

different 여러 가지의; 다른(↔ same)　kind 종류; 친절한　culture 문화　environment 환경　desert 사막　Berber 베르베르인　build 짓다, 건축하다　sun-dried 햇볕에 말린　mud brick 진흙 벽돌　certain 어떤　fisherman 어부(복수형 fishermen)　on top of ~의 위에　pole 기둥, 막대기　branch 나뭇가지　dwelling 주택, 주거　made of ~로 만들어진　pasture 목초지, 목장

\*There were once about 30 million American bison living on the plains of North America. The natives killed them for food, but they only killed a few. Then, in the 1800s, many Europeans arrived in the plains. They began shooting bison for food, too. They also killed hundreds of thousands of them for no reason. They hunted the bison so much that they almost disappeared. By 1888, there were only 541 American bison left in the world. Then some ranchers worked hard to save them. Now there are many bison again. A few live in the wild or in state parks, but 500,000 of them live on ranches. Ranchers keep bison because they earn money by doing that. They raise the bison for meat, just like cattle.

**1** 윗글의 주제로 가장 적절한 것은?
① 북미 사냥의 역사
② 유럽인들의 북미 정착 과정
③ 북미에 서식하는 야생동물의 종류
④ 멸종 위기에 처한 동물 보호의 성공
⑤ 아메리카들소를 가축으로 길들인 과정

서술형
**2** 우리말과 일치하도록 빈칸에 알맞은 말을 쓰시오.
새장 안에 새 한 마리가 있었다.

→ _____ _____ a _____ in the cage.

---

**Grammar Points!**　　**There was/were ~**

'~이 있었다'는 의미로 There is/are ~의 과거 시제 구문이다. 단수 명사가 주어일 때는 There was를 쓰고, 복수 명사에는 There were를 쓴다.

**There were** once **about 30 million American bison** living on the plains of North America.
한때 북미의 평원에 살고 있는 3천만 마리 가량의 아메리카들소가 있었다.

---

million 백만의　American bison 아메리카들소　plain 평원　native 원주민, 토착민　arrive 도착하다　shoot 쏘다　hundreds of thousands of 수십만의　for no reason 이유 없이　hunt 사냥하다　disappear 사라지다(dis(반대로) + appear(나타나다))　rancher 목장주, 목축업자(cf. ranch 목장, 농원)　save 구하다　wild 야생 상태; 황야　state park 주립공원　earn money 돈을 벌다　raise 사육하다, 기르다

# Word Check ✕ ✕ ✕

**[1-3] 다음 괄호 안에서 알맞은 말을 고르시오.**

1  The train will (arrive / follow) on time.

2  My (attractive / favorite) subject is science.

3  This book is (about / still) five years old.

**[4-6] 다음 빈칸에 들어갈 말을 〈보기〉에서 골라 쓰시오.**

| 〈보기〉 grow up       make up       insist |
| --- |

4  Five players _____ a team.

5  She _____ the money is hers.

6  When I _____, I want to be a fashion designer.

**[7-8] 다음 짝지어진 단어의 관계가 같도록 빈칸에 알맞은 말을 쓰시오.**

7  large : small = sick : _____

8  wear : wore = tell : _____

**[9-11] 다음 영영풀이가 뜻하는 단어를 쓰시오.**

9  _____ : to make a structure such as a house or factory etc.

10  _____ : not shiny

11  _____ : to become impossible to see

12  **밑줄 친 부분의 의미가 다른 하나를 고르시오.**

①  Do you like vegetables?

②  We like to play baseball.

③  There is no place like home.

④  The children like eating pizza.

⑤  She doesn't like to read books.

# Unit 03

## 글의 제목 파악

### ✕ 유형 소개

- 글의 요지와 주제를 포괄하면서도 간략하게 나타낸 글의 제목을 찾는 유형이다.
- 글 전체 내용을 포괄하는지 파악해야 하므로 독해 속도와 내용을 빨리 파악할 수 있는 능력이 필요한 문제이다.

### ✕ 유형 전략

'글의 제목 파악' 유형은 글의 주제나 요지가 정확히 담겨 있는지 종합해서 추론하는 것이 중요하다.

**Step 1** 글의 주제나 요지를 전달하는 주요 문장 또는 부분을 찾는다.

**Step 2** 자주 반복되거나 비중 있는 핵심어(구)를 파악해야 한다.

**Step 3** 글의 전체 내용을 포괄적으로 담고 있는지 확인한다.

**Step 4** 선택지 가운데 너무 막연하거나 반대로 지엽적인 것만 전달하는 것을 제외시킨다.

## Words & Phrases

**amount** 양
**another** 또 하나의(an(하나의) + other(다른))
**climate** 기후, 날씨
**cut in half** 반으로 자르다
**disappear** 사라지다
**draw attention to** ~에 주의[주목]를 끌다
**far end** 반대쪽 끝
**hold up** 떠받치다
**in addition** 게다가
**laugh** 웃다
**magician** 마술사
**melt away** 녹아 없어지다
**modern** 현대의(↔ old, past, ancient)
**object** 물체, 물건
**once** 한번은

**protect** 보호하다
**sail** 돛
**saw** 톱
**send out** 보내다
**share** 공유하다
**solar wind** 태양풍
**stage** 무대
**statue** 조각상
**surprise** 놀라움
**sweep** (빗자루로) 쓸다
**take the photo[picture]** 사진을 찍다
**through** ~을 관통하여
**trick** 마술; 속임수
**vast** 막대한

# Example

**다음 글의 제목으로 가장 적절한 것은?**

You know that it's bad for your teeth to bite your nails. But sometimes it seems like you can't stop. Well, the good news is you can! Here are some ways: Always keep your nails clipped very short, so that you can't bite them. Keep carrots to munch on, for when you feel like biting your nails. Chew gum instead. Finally, if all else fails, put your hands in your pockets. Try these! They might just work for you! Break that bad habit today.

① Good Habits for Students
② Bad Things for Your Teeth
③ Carrots Are Good for Health
④ How to Stop Biting Your Nails
⑤ Reasons for Keeping Nails Short

## ✕ 문제 해결하기

**Step 1** **주제나 요지를 전달하는 부분 찾기**
서두 부분에서 고치기 어려운 손톱 물어뜯는 습관에 대해서 언급한 다음, 이 버릇을 고칠 방법이 있다고 소개하고 있다. 서두 부분에서 손톱 물어뜯는 습관을 고칠 방법에 대한 이야기가 곧 글의 주제가 된다.

**Step 2** **반복되는 표현, 또는 핵심어(구) 파악하기**
손톱 물어뜯는 것에 관한 표현(bite your nails, biting your nails)이 자주 등장하며, keep your nails clipped(손톱을 깎아라), Chew gum(껌을 씹어라), put your hands in your pockets(손을 주머니에 넣어라), Break that bad habit(나쁜 버릇을 고쳐라) 등이 주제를 전달하는 핵심 어구이다.

**Step 3** **전체 내용을 포괄적으로 담고 있는지 파악하기**
글의 주제와 2단계에서 파악한 부분을 종합해 보면 ④ How to Stop Biting Your Nails(손톱 물어뜯는 것을 안 하는 방법)가 전체 내용을 포괄적으로 담고 있다.

**Step 4** **너무 막연하거나 반대로 지엽적인 선택지 제외하기**
① Good Habits for Students(학생들을 위한 좋은 습관)는 너무 막연한 내용이며, ② Bad Things for Your Teeth(치아에 나쁜 것) 역시 지나치게 포괄적이다. ③ Carrots Are Good for Health(당근이 건강에 좋다)와 ⑤ Reasons for Keeping Nails Short(손톱을 짧게 유지하는 이유)는 반대로 글 내용 중 지엽적인 부분만을 담고 있다.

tooth 치아, 이(복수형 teeth)  bite 물어뜯다  nail 손톱  seem like ~인 것 같다  way 방법  clip 자르다, 깎다  carrot 당근  munch on ~을 우적우적 먹다  chew 씹다  gum 껌  instead 대신에  finally 마지막으로  if all else fails 다른 모든 방법으로 안 되면  try ~을 해보다  work 효과가 있다  break a habit 버릇을 고치다

Lewis Pugh speaks and acts to protect the environment. He has swum in every ocean to draw attention to their problems. Many oceans are dirty. *People catch too many fish, so there are few fish left. Oil spills kill many animals. And as Earth's climate changes, the oceans are getting warmer. In 2007, Pugh was the first person to swim across the North Pole. He did this to show that the Arctic ice was melting away. Pugh makes people pay attention to the environment.

**1** 윗글의 제목으로 가장 적절한 것은?
① Lewis Pugh's Life
② Earth's Changing Climate
③ Harmful Things in the Ocean
④ Lewis Pugh's World Record in Swimming
⑤ Lewis Pugh: Acting to Help Save Our Environment

서술형
**2** 다음 질문에 알맞은 답을 윗글을 참조하여 빈칸에 쓰시오.
What did Lewis Pugh do in 2007?
→ He _____ _____ the North Pole.

---

**Grammar Points!** **many/few + 셀 수 있는 명사 [복수형 명사]**

양을 나타내는 many(많은) / few(거의 없는) / a few(몇 개의)는 모두 셀 수 있는 명사 앞에만 쓸 수 있는 표현으로 뒤에 항상 복수 명사가 온다.
**People catch too many fish, so there are few fish left.**
사람들이 너무 많은 물고기를 잡아 남아 있는 물고기가 별로 없다.

---

act 행동하다  protect 보호하다  environment 환경  ocean 대양, 바다  draw attention to ~에 주의[주목]를 끌다  problem 문제  oil spill 석유 유출  as ~하므로  climate 기후, 날씨  change 변화하다  melt away 녹아 없어지다  pay attention to ~에 주의를 기울이다

David Copperfield is the most famous magician on Earth. His most famous trick is to make large objects disappear. One time, Copperfield made the Statue of Liberty disappear. *What a surprise! This statue is 46 meters tall. Another time, he walked right through the Great Wall of China. In another trick, a saw cut him in half, but he wasn't hurt. In addition, he once flew around the stage, but nothing held him up. No one knows how Copperfield did all these magic tricks.

**1** 윗글의 제목으로 가장 적절한 것은?

① World Famous Places
② Different Types of Magic Tricks
③ History of the Great Wall of China
④ Copperfield and the Statue of Liberty
⑤ Copperfield's Marvelous Magic Tricks

서술형

**2** 다음 문장을 what을 이용하여 감탄문으로 바꾸어 쓰시오.

It is a very tall building.

→ _____

---

**Grammar Points!** 감탄문

감탄문에는 What으로 시작하는 감탄문과 How로 시작하는 감탄문이 있는데, What 감탄문은 『What (+a/an) + 형용사 + 명사 (+ 주어 + 동사)!』이고 How 감탄문은 『How + 형용사/부사 (+ 주어 + 동사)!』의 형태이다.
**What a surprise!** 얼마나 놀라운가!
She is a very beautiful girl. → **What a beautiful girl (she is)!** 얼마나 아름다운 소녀인가!
She is very beautiful. → **How beautiful (she is)!** 정말 아름답구나!

---

famous 유명한  magician 마술사  trick 마술; 속임수  object 물체, 물건  disappear 사라지다  one time 한번은  the Statue of Liberty 자유의 여신상  surprise 놀라움  statue 조각상  another time 또 한 번은  right 바로, 똑바로  through ~을 관통하여  the Great Wall 만리장성  China 중국  another 또 하나의(an(하나의) + other(다른))  saw 톱  cut in half 반으로 자르다  hurt 다친  in addition 게다가  fly 날다(fly-flew-flown)  stage 무대  hold up 떠받치다  marvelous 엄청난, 경이로운

A "selfie" is a photo you take of yourself. *You usually take the photo by holding a camera out with your arm. Many modern teens post selfies on their Facebook pages, or e-mail the photos to their friends. Many teens take selfies to be sure that there are good photos of themselves. They want to show people that they are attractive. Or they share their selfies because they want others to like them. Others take selfies as jokes to make their friends laugh.

**1** 윗글의 제목으로 가장 적절한 것은?

① Selfies on Facebook

② How to Pose in Selfies

③ Who Began Taking Selfies?

④ Why Do Teens Take Selfies?

⑤ Good Selfies and Bad Selfies

서술형

**2** 다음 문장에서 어법상 어색한 부분을 찾아 문장을 맞게 고쳐 쓰시오.

He always is right.

→ _____

**Grammar Points!** 빈도부사

'횟수'를 나타내는 부사로 always(항상), usually(대개), often(종종), sometimes(때때로), hardly(거의 ~않다), never(결코 ~ 아니다) 등이 있으며, be동사나 조동사 뒤, 일반동사 앞에 위치한다.

You **usually** take the photo by holding a camera out with your arm.
보통 여러분은 카메라를 팔로 펼쳐 들고 사진을 찍는다.

She is **always** late. 그녀는 항상 늦는다.

They **sometimes** go to the library. 그들은 가끔 도서관에 간다.

selfie 셀카 사진, 셀피   photo 사진   usually 보통, 대개   take the photo[picture] 사진을 찍다   hold 잡다, 들다   modern 현대의(↔ old, past, ancient)   post 게시하다, 올리다   be sure 확실히 하다   attractive 매력적인   share 공유하다   joke 농담, 우스개, 장난   laugh 웃다

Scientists have an exciting new idea for how to get energy. The sun sends out vast amounts of electrons in solar winds. *Satellites with huge "sails" of copper wires could catch these electrons. Then lasers could send the energy to satellite dishes on Earth. If we did this, we would have all the energy we needed. However, there's a problem: the best places for solar winds are millions of miles from Earth. Most of the energy would be lost if it were sent that far.

**1** 윗글의 제목으로 가장 적절한 것은?

① How to Get Energy

② Electrons in Solar Winds

③ Satellite Dishes on Earth

④ We Need More Energy on Earth

⑤ Future Energy: Solar Wind Power

서술형

**2** 밑줄 친 a problem이 무엇인지 본문에서 찾아 우리말로 쓰시오.

→ _____

**Grammar Points!**   this/these vs. that/those

지시대명사 또는 지시형용사로 쓰이며, 지시형용사일 때는 『this/that + 단수 명사』, 『these/those + 복수 명사』의 형태로 쓰인다.

**This** is my book. **This** book is mine. 이것은 내 책이다. 이 책은 나의 것이다.
이것(지시대명사)        이(지시형용사+단수 명사)

**That** is his bag. **That** bag is his. 저것은 그의 가방이다. 저 가방은 그의 것이다.
저것(지시대명사)        저(지시형용사+단수 명사)

Satellites with huge "sails" of copper wires could catch **these** electrons.
거대한 구리선 "돛"이 달린 위성들이 이 전자들을 붙잡을 수 있다.

scientist 과학자   how to ~하는 방법   send out 보내다, 발송하다   vast 막대한   amount 양   electron 전자   solar wind 태양풍   satellite 위성, 인공위성(cf. satellite dish 위성 안테나)   sail 돛   copper wire 동선, 구리선   catch 붙잡다, 받다   laser 레이저   on Earth 지구상의   problem 문제   millions of ~ 수백만의 ~   mile 마일   that far 그렇게 멀리

Curling is a sport. People play it on ice. There are two teams of four people each, and each team slides eight "rocks" down the ice. First, one team takes their turn, then the next team. At the far end of the ice is a white circle with three rings around (a) it. This is called the "house." *Each team tries to get their rocks in the center of the house. After one player slides a rock, two players from his team sweep the ice in front of (b) it. This makes the rock "curl" left or right as it goes down the ice. The team with the rock closest to the center counts their scores. And they only count their rocks closer than the other team's closest rock. Curling looks very simple, but it takes great skill.

**1** 윗글의 제목으로 가장 적절한 것은?
① The Origin of Curling
② Advantages of Curling
③ Good Players in Curling
④ Rules for Playing Curling
⑤ How to Make Curling Rocks

서술형
**2** 밑줄 친 (a), (b)가 각각 가리키는 것이 무엇인지 찾아 쓰시오.
(a) _____ (b) _____

**Grammar Points!** each의 쓰임

형용사로 쓰일 때는 '각자의, 각각의'라는 뜻으로 뒤에 단수 명사가 온다. 대명사로 쓰일 때는 단수 취급하며 단독으로 쓰이거나 each of us처럼 쓰인다.
**Each team** tries to get their rocks in the center of the house.
각 팀은 스톤이 하우스의 가운데에 들어가도록 노력한다.
**Each** liked each other. 각자 서로를 좋아했다.
**Each of us** has to bring his own drink. 우리 각자는 자신이 마실 것을 가지고 와야 한다.

curling 컬링   each 각각; 각각의   slide 미끄러지게 하다   take one's turn ~의 순서이다, 차례로 하다   far end 반대쪽 끝   be called ~라고 불리다
center 가운데   sweep (빗자루로) 쓸다   in front of ~의 앞에   curl 둥그렇게 감기다, 회전하다   count 계산에 넣다   score 점수   skill 기술

# Word Check ✕ ✕ ✕

[1-3] 다음 괄호 안에서 알맞은 말을 고르시오.

1  Please cut the apple in (whole / half).

2  Ms. Johnson made a joke, so we (cried / laughed) a lot.

3  I'm going to (post / hold) some videos on YouTube.

[4-5] 짝지어진 두 문장의 빈칸에 공통으로 알맞은 말을 〈보기〉에서 골라 쓰시오.

〈보기〉 wrong      attention      right      object

4  The post office is on the _____.

   That's _____.

5  Sally wants to draw _____ to herself.

   We should pay _____ to our environment.

[6-7] 다음 짝지어진 단어의 관계가 같도록 빈칸에 알맞은 말을 쓰시오.

6  appear : disappear = past : _____

7  happy : pleased = picture : _____

[8-10] 다음 영영풀이가 뜻하는 단어를 쓰시오.

8  _____ : extremely large

9  _____ : the middle part of something

10  _____ : to prevent someone or something from being harmed

[11-12] 다음 우리말에 맞게 빈칸에 알맞은 말을 쓰시오.

11  우리는 순서대로 할 것이다.

    We will _____ our _____.

12  돌고래들은 물속으로 음파를 보낸다.

    Dolphins _____ _____ sound waves into the water.

# Unit 04

## 글의 요지 파악

### ✕ 유형 소개

- 글을 통해서 필자가 말하고자 하는 중심 내용, 즉 요지를 찾는 문제 유형이다.
- 필자가 제시하는 의견이나 주장을 통해 글의 논리를 이해하는 능력이 있는지 평가하는 문제이다.

### ✕ 유형 전략

요지를 간략하게 나타낸 것이 주제이므로 글의 주제를 파악하는 요령으로 문제를 풀도록 한다.

**Step 1** 반복되는 어구들이나 문장들 간의 공통점을 세심히 살펴본다.

**Step 2** 전체 내용을 파악하면서 주제문을 찾는다. 주제문이 뚜렷하게 드러나지 않을 경우 주요 의견 내지는 주장을 담은 문장을 종합해 본다.

**Step 3** 선택지 가운데 상식적인 견해나 주장과 일치하는 것을 무조건 답으로 고르지 말고, 글에 기초하여 필자의 생각과 일치하는 것을 고른다.

**Step 4** 요지에 주제문과 핵심어구가 들어있는지 확인한다.

## Words & Phrases

ambition 야망, 야심
an entire day 꼬박 하루
attitude 태도
check up on (제 할 일을 하고 있는지) 확인하다
come up with (계획, 아이디어 등을) 내다, 제시하다
considerate 사려 깊은, 배려하는
detailed 상세한
develop 키우다, 개발하다
donate 기부하다, 기증하다
failure 실패
focus on ~에 집중하다
for good 영원히
goal 목표

in need 어려움에 처한
lower 낮추다
make sure 반드시 ~하도록 하다[확실히 하다]
naturally 자연적으로
positive 긍정적인
progress 진전, 진행
rather than ~보다는
reach 도착하다, 도달하다
relax 쉬다, 휴식하다
set a goal 목표를 설정하다
spend (시간을) 보내다; (돈을) 쓰다
succeed 성공하다(n. success 성공)
work 작용하다; 효과가 있다; 일하다

# Example

**다음 글의 요지로 가장 적절한 것은?**

정답 및 해설 p.06

Social media like Facebook can keep you connected with people around the world. But if you spend too much time online, you spend less time with family and friends around you. Then your relationships in the real world suffer. Also, many social media sites make you post a lot of private information. And it's sometimes easy to trust online "friends" you don't really know. Then cyber bullies can cause you real problems. Enjoy your time online, but spend quality time in the real world.

① 소셜 미디어를 통한 개인 정보 유출이 심각하다.
② 온라인으로 알게 된 친구들은 믿지 않는 것이 좋다.
③ 온라인으로 친구들과 보내는 시간이 늘어나고 있다.
④ 소셜 미디어가 현실 생활의 문제점을 일으킬 수 있다.
⑤ 소셜 미디어를 통해 전 세계 사람들과 연결될 수 있다.

## ✕ 문제 해결하기

**Step 1** 반복적인 어구 또는 공통점 파악하기
social media, in the real world가 반복적으로 언급되고 있고, 가족이나 친구들과의 시간을 적게 보내면서 관계가 나빠지거나, 사이버 상의 공격과 같은 문제점이 지적되고 있다.

**Step 2** 주제 파악하기
한 문장으로 집약된 주제문이 없는 글이다. 그러나 social media의 나쁜 영향에 대해 Then your relationships in the real world suffer.(그러면 현실세계의 관계가 나빠진다.)와 Then cyber bullies can cause you real problems.(그러면 사이버 공격자들이 여러분에게 진짜 문제를 일으킬 수 있다.)라고 소셜 미디어의 단점에 대해 말하고 있다.

**Step 3** 필자의 생각과 일치하는 것 고르기
①, ②, ③, ⑤ 모두 상식적으로 많이 들어본 내용들이므로, 성급하게 답으로 선택하지 않도록 한다. ④ '소셜 미디어가 현실 생활의 문제점을 일으킬 수 있다'가 필자의 견해와 일치한다.

**Step 4** 요지에 주제문과 핵심어구가 들어있는지 확인하기
④ '소셜 미디어가 현실 생활의 문제점을 일으킬 수 있다'에 핵심어구 social media, in the real world, cause you real problems가 들어 있으며 글의 주제와 일치한다.

---

social media 소셜 미디어  connected 연결된  online 온라인으로  relationship 관계  suffer 나빠지다, 악화되다  post 게시하다, 올리다  private information 개인 정보  sometimes 가끔, 때때로  trust 믿다  cyber bullies 사이버 공격자들  cause 야기하다, 일으키다  quality 양질의

DONATION

In the beginning, most Korean teens volunteer only because they must do so to get higher marks in school. \*They usually want easy and simple jobs, and they like to help only for short times — one hour rather than an entire day. However, after they do volunteer work several times, they begin to develop an unselfish attitude and learn to become more considerate of others. Then, they actually want to help people in need, and get interested in donating their time or money to charity.

**1** 윗글의 요지로 가장 적절한 것은?

① 자원봉사 시간을 늘리는 게 좋다.

② 자원봉사를 하면 배려심이 생긴다.

③ 돈보다는 재능 기부를 하는 것이 낫다.

④ 자원봉사를 시작할 때 간단한 것부터 찾도록 한다.

⑤ 좋은 점수를 받는 데 자원봉사 활동이 꼭 필요하다.

서술형

**2** 다음 질문에 알맞은 답을 윗글을 참조하여 빈칸에 쓰시오.

Why do most Korean teens begin to volunteer?

→ They do so because they must volunteer _____.

Grammar Points!    **명사적 용법의 to부정사**

to부정사는 「to + 동사원형」의 형태를 취하고, 명사적 성질을 띨 경우 주어나 보어, 목적어 자리에 올 수 있다. '~하는 것' 또는 '~하기'라는 의미이다.

**They like to help only for short times — one hour rather than an entire day.**
그들은 꼬박 하루보다는 1시간의 짧은 시간만 돕는 것을 좋아한다.

**I want to be a pilot.** 나는 조종사가 되고 싶다.

in the beginning 맨 처음에   volunteer 자원봉사를 하다; 자원봉사의   for short times 짧은 시간 동안   rather than ~보다는   an entire day 꼬박 하루   several times 여러 번   develop 키우다, 개발하다   unselfish 이기적이 아닌, 사심이 없는   attitude 태도   considerate 사려 깊은, 배려하는   actually 정말로, 실제로   in need 어려움에 처한   get interested in ~에 관심을 갖게 되다   donate 기부하다, 기증하다   charity 자선단체

Some people think taking a nap is a waste of time. However, scientists say that you will get more work done if you stop to rest for 20 minutes in the middle of the day. Taking a nap also improves your memory. And it makes you more creative. *You have more and better ideas. It can even make you healthier. People who nap have less heart disease. And a daily rest lowers your stress levels. So who says naps are only for little kids?

**1** 윗글의 요지로 가장 적절한 것은?

① 낮잠은 시간 낭비이다.
② 낮잠이 건강 유지에 좋다.
③ 낮잠을 자면 창의적이 된다.
④ 낮잠은 어린아이들의 전유물이다.
⑤ 낮잠은 모두에게 긍정적인 효과가 있다.

서술형

**2** 다음 두 문장을 비교급의 한 문장으로 바꾸어 쓸 때 빈칸에 알맞은 말을 쓰시오.

John is 12 years old.
Sandy is 14 years old.
→ John is _____ than Sandy.

---

**Grammar Points!** 비교급과 최상급

2개의 대상을 비교하여 말할 때 형용사나 부사의 비교급을 활용하며 3개 이상을 비교하여 말할 때 최상급을 쓸 수 있다.
- 비교급은 '더 ~한, 더 ~하게'라는 의미를 나타내며, 최상급은 '가장 ~한, 가장 ~하게'의 의미이다.
- 일반적인 비교급과 최상급 만드는 방법: 원급에 –er, –est를 붙인다. fast – **faster** – **fastest**
- 불규칙하게 변하는 비교급, 최상급은 따로 외워 두어야 한다. good[well] – **better** – **best** / many[much] – **more** – **most**
You have **more** and **better** ideas. 여러분은 더 많고 더 좋은 아이디어를 내기도 한다.

---

take a nap 낮잠을 자다(cf. nap 낮잠 자다; 낮잠)  a waste of time 시간 낭비  scientist 과학자  stop to ~하기 위해 (하던 일을) 중단하다[멈추다]  rest 쉬다  in the middle of the day 한낮에  improve 개선시키다, 향상시키다  memory 기억(력)  creative 창의적인(create(창조하다) + ive(형용사형 어미))  healthy 건강한  heart disease 심장병  lower 낮추다  level 수준, 정도

How do some people reach their goals and realize their dreams? If you look into those successful people, it's simple to find some characteristics they have in common. First, they know themselves very well. They are well aware of their talents, ambitions, and interests. Second, they have no fear of failure. They may fail several times, but they are willing to push through. Finally, they tell friends and family what they are going to achieve. *It will be harder to give up if everyone around knows what they are up to.

**1** 윗글의 요지로 가장 적절한 것은?

① 성공한 사람들을 가까이 하면 꿈을 이룰 수 있다.

② 성공한 사람들에게는 공통의 특성들이 있다.

③ 성공하려면 가족들의 큰 지지가 필요하다.

④ 성공의 길에는 반드시 몇 번의 실패가 있다.

⑤ 성공을 하려면 자신의 재능을 알아야 한다.

서술형

**2** 다음 문장을 미래시제로 바꾸어 쓰시오. (두 가지)

Jamie has dinner at seven.

→ Jamie _____ have dinner at seven.

→ Jamie _____ _____ _____ have dinner at seven.

---

**Grammar Points!**   미래시제

앞으로 할 일을 표현할 때 사용하며, 『will + 동사원형』 또는 『be going to + 동사원형』의 형태로 '~할 것이다'의 의미이다. will은 조동사이기 때문에 인칭에 관계없이 쓰며, 조동사 뒤에는 항상 동사원형이 온다. be going to를 쓰는 경우는 주어의 인칭과 수에 따라 be동사를 변형시킨다.

They **are going to** achieve their goals. 그들은 그들의 목표를 성취할 것이다.

It **will** be harder to give up hope. 희망을 포기하는 것은 더 어려울 것이다.

---

reach 도착하다, 도달하다   goal 목표   realize 이루다   successful 성공한   characteristic 특징, 특성   have A in common A를 공통점으로 가지다   be aware of ~을 알다, 인식하다   talent 재능   ambition 야망, 야심   interest 관심, 흥미   fear 두려움, 공포   failure 실패(cf. fail 실패하다)   several times 여러 번   be willing to 기꺼이 ~하다   push through 끝까지 해내다   give up 포기하다   be up to ~을 준비하다

You may think, "I don't need to do that job now. I can always do it later. I have lots of time." It's true that you need to relax sometimes. But it's also important not to waste time. *For example, you shouldn't spend hours playing computer games when you need to clean your room or do your homework. If you do nothing for an hour, you can never get that hour back again. It's gone for good. So use your time wisely.

**1** 윗글의 요지로 가장 적절한 것은?

① 휴식은 꼭 필요한 것이다.

② 지나간 시간은 절대 돌아오지 않는다.

③ 해야 할 일은 언젠가 꼭 하게 되어 있다.

④ 노는 시간을 줄여야 시간 낭비를 줄일 수 있다.

⑤ 시간을 효율적으로 보내기 위해서는 계획이 필요하다.

[서술형]
**2** 다음 문장에서 어법상 어색한 부분을 찾아 고쳐 쓰시오.

He should brings some bread and orange juice.

_____ → _____

---

**Grammar Points!**　　**조동사 should**

'의무', '당연'을 나타내며, 『should + 동사원형』의 형태이다. 부정문은 『should not + 동사원형』으로 '금지'를 나타낸다.

You **should keep** quiet in the library. (의무) 여러분은 도서관 안에서 조용히 해야 한다.

You **should not make** noise in the library. (금지) 여러분은 도서관 안에서 떠들지 말아야 한다.

You **shouldn't spend** hours playing computer games. (금지) 컴퓨터 게임을 하면서 몇 시간을 보내서는 안 된다.

A bag like this **should cost** about 20 dollars. (당연) 이런 가방은 약 20달러 정도 된다.

---

need to ~할 필요가 있다　true 사실인　relax 쉬다, 휴식하다　important 중요한　waste 낭비하다　spend (시간을) 보내다; (돈을) 쓰다　nothing 아무것도 ~아니다　get back ~을 되돌리다　be gone 가버리다, 사라지다　for good 영원히　wisely 현명하게(wise(현명한) + ly(부사형 어미))

Many of us want to learn a new skill, or stop a bad habit. But we often don't have any plan on how to do it. We just start out and expect things to happen naturally. *But that doesn't usually work well. We often get discouraged and give up along the way. To make sure to succeed, you need to set a clear goal. Come up with a plan with detailed steps, so you can see the progress. And you should stay positive. Keep telling yourself that you can and will reach your goal. Tell your friends about your goal; let them check up on you. Finally, focus on your successes, not your failures. If you want to succeed, remember: set clear goals and have a step-by-step plan. *Then follow that plan faithfully.

**1** 윗글의 요지로 가장 적절한 것은?

① 목표가 뚜렷해야 계획을 잘 세울 수 있다.

② 사람들은 끊임없이 새로운 기술을 배우고자 한다.

③ 나쁜 습관을 없애려면 체계적인 계획이 필요하다.

④ 계획을 세우고 실천하면 목표한 바를 이룰 수 있다.

⑤ 친구들의 도움을 받으면 정확한 목표를 세울 수 있다.

서술형

**2** 다음 지시에 따라 윗글을 참조하여 빈칸에 쓰시오.

If you want to succeed, what should you do? Write two things.

→ We should _____.

---

**Grammar Points!** **지시대명사, 지시형용사**

this/these는 비교적 가까이 있는 사물이나 사람, that/those는 멀리 있는 사물이나 사람을 주로 가리킨다.

Look at **this**. **This** is my new bag. 이것 봐. 이것은 내 새 가방이야.

Look at **that** over there. It is a big plane. 저쪽에 있는 것을 봐. 그것은 큰 비행기야.

I like **these** laptop computers. 나는 이 노트북 컴퓨터들이 좋아.

Then follow **those** plans faithfully. 그다음 그 계획들을 충실히 따르라.

---

skill 기술   have a plan on ~에 대한 계획을 세우다   start out 시작하다   expect 기대하다   naturally 자연적으로   work 작용하다; 효과가 있다; 일하다   get discouraged 좌절을 겪다, 낙담하게 되다   give up 포기하다   make sure 반드시 ~하도록 하다[확실히 하다]   set a goal 목표를 설정하다   come up with (계획, 아이디어 등을) 내다. 제시하다   detailed 상세한   progress 진전, 진행   stay 유지하다   positive 긍정적인   reach 도달하다   check up on (제 할 일을 하고 있는지) 확인하다   focus on ~에 집중하다   failure 실패   remember 기억하다   step-by-step 단계적인   faithfully 충실히, 정확히

# Word Check ✖ ✖ ✖

[1-3] 다음 괄호 안에서 알맞은 말을 고르시오.

1 Paul got interested (in / on) learning to cook.

2 I want to (insist / improve) my English, so I often watch movies in English.

3 I like to (relax / play) with the book.

[4-6] 빈칸에 알맞은 말을 〈보기〉에서 골라 쓰시오.

| 〈보기〉 creative | attitude | spends |
|---|---|---|

4 Sue has a good _____ towards learning.

5 Mary _____ a lot of money buying books.

6 Matt is very _____ and likes making games.

[7-8] 다음 짝지어진 단어의 관계와 같도록 빈칸에 알맞은 단어를 쓰시오.

7 wise : wisely = natural : _____

8 remember : forget = success : _____

[9-11] 다음 영영풀이가 뜻하는 단어를 쓰시오.

9 _____ : an ability to do something very well

10 _____ : something that you are trying to do or achieve

11 _____ : always caring about other people's feelings or needs

12 빈칸에 공통으로 알맞은 것을 고르시오.

My father _____s from Monday to Friday.

Ms. Smith has a lot of _____, so she needs help.

His plan _____ed, so he will leave for Canada soon.

① help ② rest ③ study
④ work ⑤ volunteer

# Unit 05

## 글의 요약문 완성

### ✕ 유형 소개

- 글의 요약문의 핵심 어구를 고르는 문제 유형이다.
- 글의 요지를 파악하는 능력과 더불어, 이를 요약해서 표현하는 능력이 더불어 요구된다.
- 빈칸 완성 형태이므로 요약문의 구조를 파악하고, 지문에서 답의 근거를 추론하는 문제이다.

### ✕ 유형 전략

'글의 요약문 완성' 유형은 요지 추론 방법과 빈칸 완성 요령을 적절히 적용하여 풀도록 한다.

**Step 1** 요약문은 지문 전체 내용을 짧게 줄여놓은 것이므로 요약문을 먼저 읽고 지문 전체 내용이 무엇일지 가늠해 본다.

**Step 2** 필자가 말하고자 하는 중심 내용, 즉 요지를 파악한다. 필자의 의도가 드러나는 주제문을 찾거나 명확한 주제문이 없는 경우에는 문맥을 통해 추론해 본다.

**Step 3** 주관적인 의견이나 생각을 배제하고 요약문 빈칸에 선택지를 하나씩 대입하여 답을 찾는다.

## Words & Phrases

adapt 맞추다, 조정하다
at any price 어떤 대가를 치르더라도
care about ~에 마음을 쓰다[관심을 가지다]
celebrate 기념하다, 축하하다
crash 추락하다, 쓰러지다
do good 이롭다
do harm 해롭다
ensure 보장하다
focus 집중
improve 향상시키다
indulge in ~에 빠지다[탐닉하다]
invasion 침략
major 중대한, 큰

meaningless 의미 없는
more and more 점점 더 많은
more than ~ 이상으로
on the other hand 반면
provide 제공하다
put off 미루다
recommend 추천하다, 권장하다
recover from ~에서 회복하다
refuse 거부하다, 거절하다
sea turtle 바다거북
seagrass 해초
straight 연속으로

# Example

Australia Day is the day when the British people first came to Sydney in 1788. It is celebrated on January 26. People in Australia hold national celebrations including parades, Aboriginal dances and citizenship ceremonies which are the last step to becoming an Australian citizen. On the other hand, many other people call the day Invasion Day. They gather to hold protests for equal rights for Aboriginal people, who had lived in Australia long before the invasion.

---

Many Australians see Australia Day as a _____(A)_____ to celebrate the country's lifestyle, culture and achievements, but some Aboriginal people think they _____(B)_____ their rights.

---

| | (A) | (B) | | (A) | (B) |
|---|---|---|---|---|---|
| ① | protest | …… gain | ② | chance | …… need |
| ③ | chance | …… gain | ④ | protest | …… need |
| ⑤ | chance | …… lost | | | |

---

## ✕ 문제 해결하기

**Step 1 요약문 읽기**
'많은 호주인들은 호주의 날을 그 나라의 삶의 방식, 문화, 성취를 기념하는 ____로 보지만, 일부 원주민들은 그들이 자신들의 권리를 ____고 생각한다.'는 의미의 요약문을 통해 호주의 날에 대한 의견 차이에 관한 글임을 추론할 수 있다.

**Step 2 글의 요지 파악하기**
호주인들이 호주의 날을 긍정적 의미의 국경일로 보는 관점과 원주민들이 그들이 침략당했다고 생각하는 다른 관점이 대립한다는 것이 글의 요지이다.

**Step 3 선택지 대입해 보기**
호주의 날을 그 나라의 삶의 방식, 문화, 성취를 기념하는 항의로 보면 기념하는 맥락에 어긋난다. 반대로 호주의 날에 부정적 관점을 가지려면 유럽인들에게 침략을 당해서 권리를 잃게 되었다는 것을 추론할 수 있으므로 ⑤ chance, lost가 정답이다.

---

**celebrate** 기념하다, 축하하다(*cf.* celebration 기념행사)  **hold** 열다, 개최하다  **parade** 퍼레이드  **Aboriginal** 원주민의  **citizenship** 시민권 (*cf.* citizen 시민)  **ceremony** 의식: 격식  **on the other hand** 반면  **invasion** 침략  **gather** 모이다  **protest** 항의: 시위  **equal** 동등한, 똑같은  **right** 권리

If you've been at work for five hours straight, the best way to improve your focus is to take a break. If you run and don't fuel your body, you will crash. Some meaningless distractions can have positive effects on your power of concentration. For example, take a nap. Short daily naps will help you improve alertness, memory and cognitive performance. Or, take a few minutes to check your social media. *If the contents are enjoyable, the effect of your break is greater, thus increasing productivity.

**1** 윗글의 내용을 한 문장으로 요약할 때, 빈칸 (A)와 (B)에 들어갈 말로 가장 적절한 것은?

> Having a break at work will boost your work _____(A)_____ by helping you _____(B)_____ energy to keep working.

| | (A) | (B) | | (A) | (B) |
|---|---|---|---|---|---|
| ① | environment | ⋯⋯ regain | ② | environment | ⋯⋯ use |
| ③ | efficiency | ⋯⋯ regain | ④ | efficiency | ⋯⋯ lose |
| ⑤ | satisfaction | ⋯⋯ use | | | |

서술형

**2** 우리말과 일치하도록 문장을 완성하시오.

Helen이 Kate보다 영어를 더 잘 말한다.

→ _____

**Grammar Points!** 　비교급 + than

두 가지 대상을 비교하여 말할 때, 「형용사/부사의 비교급 + than」의 형태로 나타낸다. 비교급은 대개 형용사/부사에 '-er'을 붙여 나타낸다. 3음절 이상의 단어는 앞에 more를 붙여서 비교급을 나타낸다.
She thinks it's **easier** to gain weight **than lose it.** 그녀는 몸무게를 빼는 것보다 몸무게를 늘리는 것이 더 쉽다고 생각한다.
Nick is **more intelligent than Dave.** Nick은 Dave보다 더 똑똑하다.

be at work 일하고 있다　straight 연속으로　improve 향상시키다　focus 집중　take a break 휴식을 취하다　fuel 연료를 주다　crash 추락하다. 쓰러지다　meaningless 의미 없는　distraction 머리를 식혀주는 것; 오락　concentration 집중(력)　take a nap 낮잠을 자다　alertness 경계심 memory 기억력　cognitive performance 인지수행　content 내용　enjoyable 즐거운　effect 영향; 효과　productivity 생산성

*The United States and Russia began building the ISS (International Space Station) in 1998. This space station orbits the earth 350 kilometers high. Because there is no gravity there, it's the perfect place to do many scientific experiments. Astronauts from 14 nations of the world have lived and worked in the ISS. Some of them got exciting results from their experiments. And they are still doing exciting scientific work to learn new things on the ISS right now.

**1** 윗글의 내용을 한 문장으로 요약할 때, 빈칸 (A)와 (B)에 들어갈 말로 가장 적절한 것은?

> Astronauts from all over the world live and do _____(A)_____ at the ISS. They make important scientific _____(B)_____ there.

| | (A) | (B) | | (A) | (B) |
|---|---|---|---|---|---|
| ① | review | ⋯⋯ | flights | ② check ⋯⋯ movies |
| ③ | review | ⋯⋯ | discoveries | ④ check ⋯⋯ flights |
| ⑤ | research | ⋯⋯ | discoveries | |

서술형

**2** 다음 질문에 알맞은 답을 윗글을 참조하여 빈칸에 쓰시오.

When did the United States and Russia begin building the ISS?

→ They _____ building it _____ _____.

---

**Grammar Points!** 　**동명사**

「동사원형 + -ing」의 형태로 쓰이며, '~하기', '~하는 것'으로 해석한다. 명사적 성질을 가지고 있어서 문장에서 주어, 보어, 목적어로 쓰인다.

The United States and Russia began **building** the ISS (International Space Station) in 1998.
미국과 러시아는 1998년에 ISS(국제 우주 정거장)를 짓기 시작했다.

**Jogging** in the morning is good for us. 아침에 조깅하는 것은 우리에게 유익하다. (주어)

My hobby is **reading** detective novels. 내 취미는 탐정 소설을 읽는 것이다. (보어)

Tom likes **singing**. Tom은 노래하는 것을 좋아한다. (목적어)

---

build 짓다, 건축하다　international 국제적인, 세계적인　space station 우주 정거장　orbit 궤도를 돌다　gravity 중력　perfect 완벽한　scientific 과학적인　experiment 실험　astronaut 우주 비행사　exciting 흥미로운, 신나는　result 결과　right now 지금 당장　flight 비행　research 연구 discovery 발견

When you belong to a group, you feel pressure to change to become like people in the group. If your friends wear a certain style of clothes, you feel that you must also. Otherwise, they may not accept you. Generally, this isn't a problem. But what about when you believe something is wrong? If your friends argue that it's right, you feel you must agree with them. But you must be true to your morals. *Having friends is very important, but not at any price.

**1** 윗글의 내용을 한 문장으로 요약할 때, 빈칸 (A)와 (B)에 들어갈 말로 가장 적절한 것은?

> We must often _____(A)_____ between the need to belong to a group, and the group's demand that we _____(B)_____ to become just like them.

| (A) | (B) | (A) | (B) |
|---|---|---|---|
| ① choose …… adapt | | ② what …… adapt | |
| ③ accept …… argue | | ④ choose …… refuse | |
| ⑤ put off …… argue | | | |

서술형

**2** 다음 문장에서 어법상 어색한 부분을 찾아 고쳐 쓰시오.

Read books is a good habit.

_____ → _____

**Grammar Points!**  동명사

동명사는 동사 어미에 –ing형으로 만들어 명사처럼 쓰이는 것으로 to부정사로 바꾸어 표현할 수 있다. 동명사도 문장에서 주어, 보어, 목적어 역할을 한다.

**Having** friends is very important, but not at any price.
친구를 사귀는 것은 매우 중요하지만, 무슨 대가를 다 치르면서까지는 아니다.

**Eating** is good for my brain. 먹는 것은 나의 뇌에 좋다.
= **To eat** is good for my brain.

belong to ~에 속하다  pressure 압박, 압력  certain 어떤; 특정한  otherwise 그렇지 않으면  accept 받아들이다  believe 믿다  wrong 틀린  argue 주장하다  right 옳은, 맞는  agree with ~와 동의하다  moral 도덕  at any price 어떤 대가를 치르더라도  choose 선택하다  adapt 맞추다, 조정하다  accept 인정하다  refuse 거부하다, 거절하다  put off 미루다

Sea turtles are important in the ecosystem, especially in the oceans. They eat seagrass and help it grow across the sea floor. Healthy seagrass beds provide nests for a number of sea animals. Therefore, without sea turtles, many ocean animals we eat would be lost in the food chain. Major changes have occurred in the oceans because sea turtles have died out in many areas of the globe. Sea turtles have been pushed towards extinction due to human-caused threats. *It is time to rebuild the populations of sea turtles to ensure healthy ocean life for the future.

**1** 윗글의 내용을 한 문장으로 요약할 때, 빈칸 (A)와 (B)에 들어갈 말로 가장 적절한 것은?

> Sea turtles play such a(n) ____(A)____ role in our ecosystem that we need to ____(B)____ the population of the sea turtles for our own sake.

| | (A) | | (B) | | (A) | | (B) |
|---|---|---|---|---|---|---|---|
| ① | important | ······ | estimate | ② | small | ······ | estimate |
| ③ | healthy | ······ | collect | ④ | important | ······ | recover |
| ⑤ | small | ······ | recover | | | | |

서술형

**2** 우리말과 일치하도록 빈칸에 알맞은 말을 쓰시오.

나는 그에게 먹을 것을 주었다.

→ I gave him something _____ _____.

---

**Grammar Points!**　**to부정사의 형용사적 용법**

to부정사는 앞에 나온 명사를 수식하는 형용사 역할을 할 수 있다.

the book **to read** 읽을 책　　　　　　　the house **to live in** 살 집
a friend **to talk to** 얘기할 친구　　　　a coat **to wear** 입을 코트

It is time **to rebuild** the populations of sea turtles. 이제 바다거북의 개체 수를 복원해야 할 때이다.
Can you buy me something **to drink**? 내게 마실 것 좀 사줄 수 있어?

---

sea turtle 바다거북　ecosystem 생태계　especially 특히　ocean 바다, 대양　seagrass 해초　sea floor 해저　healthy 건강한　provide 제공하다　a number of 많은　therefore 그러므로　food chain 먹이사슬　major 중대한, 큰　occur 일어나다　die out 멸종되다　globe 세계, 지구　extinction 멸종　due to ~ 때문에　rebuild 재건하다; 회복하다　population 개체 수　ensure 보장하다

More and more people care about health, but many still don't exercise. On the other hand, some people indulge in it too much. *After they do a hard workout, they have a great feeling of "wellbeing." They have lots of energy. They like that feeling. So they think, "If 5 hours of weekly exercise makes me healthy, then 15 hours is even better!" But too much exercise can do more harm than good. Your body needs time to recover from a workout. Some teens exercise for more than 15 hours a week. But they don't have a greater feeling of wellbeing than those who exercise for 3.5 hours. Doctors recommend getting 5~6 hours of exercise a week — but no more than 14 hours. We must not overdo even good things.

**1** 윗글의 내용을 한 문장으로 요약할 때, 빈칸 (A)와 (B)에 들어갈 말로 가장 적절한 것은?

> A certain amount of exercise is _____(A)_____, but pushing yourself too hard and too long can be _____(B)_____.

(A)　　　　(B)　　　　　　(A)　　　　(B)
① harmful ······ tired　　② healthy ······ useful
③ beneficial ······ helpful　　④ harmful ······ useless
⑤ beneficial ······ unhealthy

서술형

**2** 윗글의 내용과 일치하도록 빈칸에 알맞은 말을 쓰시오.
Doctors say that we should _____ for _____ per week.

**Grammar Points!**　　**after**

after는 전치사와 접속사로 쓰이며, '~한 후에', '~이 끝나고 나서', '~의 뒤에' 등의 의미를 나타낸다.
전치사 + 명사: the day **after** tomorrow 모레(내일 뒤의 다음날)
접속사 + 주어 + 동사: I'll watch TV **after** I do my homework. 나는 숙제를 한 후에 TV를 볼 것이다.
**After** they do a hard workout, they have a great feeling of "wellbeing."
그들은 힘든 운동을 한 후, 아주 좋은 "행복감"을 느낀다.

care about ~에 마음을 쓰다[관심을 가지다]　on the other hand 한편으로　indulge in ~에 빠지다[탐닉하다]　workout 운동　wellbeing 행복, 복지　lots of 많은　even 훨씬　do harm 해롭다　do good 이롭다　recover from ~에서 회복하다　more than ~ 이상으로　recommend 추천하다, 권장하다　overdo 지나치게 하다, 무리하다　harmful 해로운　useful 쓸모있는, 유용한(↔ useless 쓸모없는)　beneficial 이로운　helpful 도움이 되는　unhealthy 건강에 해로운

# Word Check ✕ ✕ ✕

정답 및 해설 p.09

[1-3] 다음 괄호 안에서 알맞은 말을 고르시오.

1  I think computers are useful. They do (harmful / good) things for us.

2  We are from 50 countries. We are at a(n) (national / international) camp.

3  This smartphone is very (helpful / useless).

[4-6] 다음 빈칸에 들어갈 말을 〈보기〉에서 골라 쓰시오.

| 〈보기〉 off      to      in |
| --- |

4  There are so many things we can indulge _____.

5  You should do it now. Don't put it _____.

6  We belong _____ group B.

[7-8] 다음 짝지어진 단어의 관계가 같도록 빈칸에 알맞은 말을 쓰시오.

7  healthy : unhealthy = useful : _____

8  tough : hard = major : _____

[9-11] 다음 영영풀이가 뜻하는 단어를 쓰시오.

9  _____ : not correct

10  _____ : to take something that someone gives you

11  _____ : a feeling of happiness and good health

12  각 범주에 어울리지 않는 단어가 들어 있는 것을 고르시오.

① sometimes, often, never, always, usually

② pilot, teacher, orbit, doctor, astronaut

③ second, minute, hour, day, week

④ happy, satisfied, excited, bored, discouraged

⑤ ten, fifty, hundred, thousand, million

Unit 05 글의 요약문 완성  **47**

# Unit 06

## 글의 주장 파악 (1)

- 글을 통해 필자가 하고자 하는 말, 즉 주장하는 바를 찾는 문제 유형이다.
- 글의 요지를 찾는 문제와 마찬가지로, 필자의 생각이나 주장에 주안점을 두고 글의 논리를 이해하는 능력이 있는지 평가하는 문제이다.

## ※ 유형 전략

'글의 주장 파악' 유형 역시 글의 주제나 요지를 찾는 요령과 다르지 않다.

**Step 1** 글의 주제문을 찾는다. 글의 주제는 두괄식, 미괄식, 혹은 중괄식으로 제시될 수 있으므로 연결어(and, but, however, for example, so, therefore 등)를 주의 깊게 살펴본다.

**Step 2** 주장을 나타내는 표현(must, should, need to, it's important, 명령문 등)이 들어간 문장을 집중적으로 보면서 구체적으로 어떤 주장을 하는지 찾는다.

**Step 3** 선택지에서 상식적인 주장이 담긴 것에 현혹되지 말고, 글의 요지에 기초하여 필자가 주장하는 바를 고른다.

## Words & Phrases

| | |
|---|---|
| **against** ~에 반대하여[맞서] | **improve** 향상시키다, 개선시키다 |
| **as long as** ~하기만 하면 | **ingredient** 성분, 재료 |
| **avoid** 피하다 | **language** 언어 |
| **balance** 균형 | **normal** 정상적인, 보통인 |
| **bored** 따분한, 지루한 | **patience** 참을성; 인내심 |
| **bother** 성가시게 하다; 신경 쓰다 | **personally** 개인적으로 |
| **challenging** 도전적인 | **rebel** 반항하다, 저항하다 |
| **control** 통제하다, 조절하다 | **rude** 무례한 |
| **debating group** 토론 클럽 | **shy** 수줍어하는, 부끄럼을 많이 타는 |
| **end up** 결국 ~하게 되다 | **solution** 해결(책) |
| **enjoyable** 즐거운 | **stick to** ~을 계속하다 |
| **faithful** 충실한 | **tongue** 언어; 말버릇; 혀 |
| **gain** 얻다 | **transportation** 대중교통 |

# Example

**다음 글의 글쓴이의 주장으로 가장 적절한 것은?**

These days, closed circuit television cameras (CCTV cameras) are in most stores. They are also in public places like streets and traffic lights. This is a good idea. When someone breaks the law, police watch the videos to find out who did it. These cameras also stop crimes. Often, criminals know that cameras are watching them, so they don't do something bad. CCTV cameras also stop people from stealing things in stores. Therefore, we should have more CCTV cameras in public places.

① CCTV 카메라를 더 많이 설치해야 한다.
② 개인은 CCTV 카메라 이용을 자제해야 한다.
③ CCTV 카메라를 범인 체포의 증거로 사용해야 한다.
④ CCTV 카메라가 사생활을 침범하지 않도록 해야 한다.
⑤ CCTV 카메라가 범죄에 악용되도록 두어서는 안 된다.

## ※ 문제 해결하기

**Step 1  글의 주제문 찾기**
첫 문장은 도입 부분으로 글의 소재를 밝히고 있다. 이어 CCTV의 현황이나 쓰임 등을 설명한 후 마지막에 CCTV의 설치 필요성에 대해 말하고 있으므로 마지막 문장 Therefore, we should have more CCTV cameras in public places.에 글의 주제가 드러난다.

**Step 2  주장을 나타내는 표현이 쓰인 문장 찾기**
대부분의 문장이 단순현재 시제로 현황이나 사실에 대해 언급하고 있지만, 마지막 문장 Therefore, we should have more CCTV cameras in public places.에서 의무를 나타내는 should가 쓰이면서 '공공장소에 CCTV 카메라를 더 많이 설치해야 한다.'는 필자의 주장이 드러나 있다.

**Step 3  필자의 주장과 일치하는 것 고르기**
필자가 주장하는 바가 들어가 있는 ① 'CCTV 카메라를 더 많이 설치해야 한다.'가 정답이다.

---

**CCTV cameras** 폐쇄 회로 TV 카메라(= closed circuit television cameras)  **public** 공공의, 공립의  **traffic light** 교통 신호등  **break the law** 법규를 위반하다  **police** 경찰  **watch** 지켜보다  **find out** 알아내다  **crime** 범죄(*cf.* criminal 범인)  **stop A from -ing** A가 ~하는 것을 막다  **steal** 훔치다

Food companies put labels on their cans or jars. *These labels must list all the ingredients in the food. It's important to read labels so that you know what you're eating. For example, if you see that food has too much sugar, you can avoid buying it. Or if you need to eat more fiber, then you can buy food with more fiber. Then you'll be eating healthier. If you don't bother to read labels, you could end up eating junk food.

**1** 윗글의 글쓴이의 주장으로 가장 적절한 것은?

① 식품 회사는 식품 라벨을 반드시 붙여야 한다.

② 식품 라벨을 읽고 음식 섭취를 관리해야 한다.

③ 건강관리를 위해 식품 라벨 읽는 법을 알아야 한다.

④ 식품 라벨을 보고 영양소별로 분류, 보관하는 게 좋다.

⑤ 식품 구입 전 라벨의 성분 표시가 정확한지 확인해야 한다.

서술형

**2** 다음 문장에서 어법상 어색한 부분을 찾아 고쳐 쓰시오.

You must ate vegetables every day.

_____ → _____

---

**Grammar Points!**　　조동사 must

'~해야 한다'는 뜻으로 필요나 의무를 나타내며, 「must + 동사원형」으로 쓴다. must 대신 have to로 바꾸어 쓸 수 있다. 부정문은 「don't have to + 동사원형」 또는 「need not + 동사원형」으로 나타내며, '~할 필요가 없다'는 의미이다.

These labels **must** list all the ingredients in the food. 이 라벨들은 식품에 들어 있는 모든 성분을 열거해야 한다.

We **must** finish this work. 우리는 이 일을 마쳐야 한다.

I **don't have to** go to the post office. 나는 우체국에 갈 필요가 없다.

---

label 라벨, 상표　can 깡통, 통조림　jar 병, 단지　list 열거하다　ingredient 성분, 재료　important 중요한　so that ~하기 위하여, ~하도록　sugar 당분; 설탕　avoid 피하다　fiber 섬유; 섬유질　bother 성가시게 하다; 신경 쓰다　end up 결국 ~하게 되다　junk food 정크푸드((건강에 안 좋은 인스턴트 음식 또는 패스트푸드))

Joining an after-school club or activity can be a great idea. You can do something enjoyable. You also get to meet others who like doing the same thing. But before you join, think: how much time will it take every week? *Will it make you stay up late finishing your homework? Can you get transportation to and from events? Finally, how hard will it be to learn new skills? After-school activities are great as long as you find a balance between <u>them</u> and your schoolwork.

**1** 윗글의 글쓴이의 주장으로 가장 적절한 것은?

① 방과 후 활동을 많이 해야 한다.

② 학업을 최우선 순위로 삼아야 한다.

③ 취미가 같은 사람들을 많이 만나 봐야 한다.

④ 방과 후 활동으로 늦게까지 깨어 있지 말아야 한다.

⑤ 학업과 방과 후 활동 사이에 균형을 유지해야 한다.

서술형

**2** 밑줄 친 them이 가리키는 것을 본문에서 찾아 쓰시오.

_____

**Grammar Points!** 미래 시제 조동사 will

『will + 동사원형』의 형태이며, 부정문은 『will not[won't] + 동사원형』의 형태이다. 단순 미래를 나타낼 경우 『be going to + 동사원형』으로 바꾸어 쓸 수 있다.

**Will it make** you stay up late finishing your homework? 숙제를 끝내느라 밤늦게까지 안 자게 될까?

They **will arrive** here tomorrow. 그들은 내일 여기에 도착할 것이다.

He **won't come** here today. 그는 오늘 여기에 오지 않을 것이다.

We **are going to have** a party. 우리는 파티를 열 예정이다.

join 가입하다　after-school 방과 후의　activity 활동(active(활동적인) + -ity(명사형 어미))　enjoyable 즐거운(enjoy(즐기다) + -able('할 수 있는'이라는 의미의 형용사형 어미))　stay up 안 자다, 깨어 있다　finish 끝내다, 마치다　transportation 대중교통　skill 기술　as long as ~하기만 하면　balance 균형　between A and B A와 B 사이에　schoolwork 학업

All languages have slang words. Teens are more interested in different things than their parents, so they use new slang words. And often parents don't understand them. Many teens feel that it's cool to rebel against adult language rules. This is normal and fine. But swearing and using "dirty words" is not fine. This kind of language is rude and disrespectful. And it can hurt others. *Or they may not want to be around you. So it's important to learn to control your tongue.

**1** 윗글의 글쓴이의 주장으로 가장 적절한 것은?
① 속어는 모방하지 말아야 한다.
② 십 대들은 언어를 순화해서 사용해야 한다.
③ 십 대들은 성인의 언어 규칙을 따라야 한다.
④ 언어를 통해 세대간의 공감대를 형성해야 한다.
⑤ 부모들은 십 대들만의 언어를 이해해 주어야 한다.

서술형

**2** 다음 질문에 알맞은 답을 윗글을 참조하여 빈칸에 쓰시오.

Why do teens use new slang words?

→ Because they are _____ .

---

**Grammar Points!** **조동사 may**

'~일지도 모른다'라는 추측의 의미로 쓰이거나, 또는 '~해도 좋다'는 허가의 의미로 쓰인다. 『may + 동사원형』의 구조이며, 과거형은 might이다.

They **may not want** to be around you. 그들은 여러분 주위에 있고 싶어 하지 않을 수도 있다. (추측)
It **may rain** tomorrow. 내일 비가 올지도 모른다. (추측)
**May I borrow** your cell phone? 네 핸드폰을 빌려줄래? (허가)

---

language 언어   slang 속어, 은어   word 단어   be interested in ~에 관심이 있다   cool 멋진   rebel 반항하다, 저항하다   against ~에 반대하여[맞서]
adult 성인   normal 정상적인, 보통인   fine 괜찮은   swearing 욕, 욕설   dirty 지저분한, 더러운   rude 무례한   disrespectful 무례한, 실례되는(dis('not'
의 의미를 나타내는 접두어) + respectful(공손한))   hurt 감정을 상하게 하다   control 통제하다, 조절하다   tongue 언어; 말버릇; 혀

Are you bored? The solution might be to take up a hobby. It's great if that hobby is something you enjoy, but you should also go for challenging hobbies. *They can improve you personally. For example, if you're shy, join your school's debating group to gain confidence. If you're impatient, learn patience by wood carving. Really get into your hobby. Learn all you can about it. And stick to it, even when it's hard. That will teach you to be faithful — and that's another virtue.

**1** 윗글의 글쓴이의 주장으로 가장 적절한 것은?

① 인내심을 많이 길러라.

② 즐길 수 있는 취미를 가져라.

③ 토론을 통해 자신감을 키워라.

④ 개인의 성장을 위해 취미 생활을 자제해라.

⑤ 스스로를 발전시킬 수 있는 도전적인 취미를 가져라.

서술형

**2** 두 문장의 뜻이 같도록 빈칸에 알맞은 말을 쓰시오.

My brother can drive.

= My brother ＿＿＿＿＿＿ ＿＿＿＿＿＿ to drive.

---

**Grammar Points!** 조동사 can

'~할 수 있다'는 의미의 능력을 나타내는 조동사로, 『can + 동사원형』으로 나타내며, 과거형은 could이다. 조동사 can은 be able to로 바꾸어 쓸 수 있다. 부정형은 can not / can't / cannot / be not able to이다.
They **can improve** you personally. 그것들은 여러분을 개인적으로 나아지게 할 수 있다.
They **can't improve** you personally. 그것들은 여러분을 개인적으로 나아지게 할 수 없다.
She **is able to speak** several languages. 그녀는 여러 개의 언어를 말할 수 있다.
She **isn't able to speak** several languages. 그녀는 여러 개의 언어를 말할 수 없다.

---

bored 따분한, 지루한 solution 해결(책) take up (재미로) ~을 시작하다[배우다] hobby 취미 go for ~을 택하다 challenging 도전적인 personally 개인적으로 shy 수줍어하는, 부끄럼을 많이 타는 debating group 토론 클럽 gain 얻다 confidence 자신감 impatient 참지 못하는 patience 참을성; 인내심 wood carving 목각 get into ~을 시작하다 stick to ~을 계속하다 faithful 충실한 virtue 덕목; 선행

These days, families are so busy. Often when dad comes home from work, he is very tired. He just wants to rest and watch the television. And after mom cleans the house and cooks the dinner, she is tired, too. When the kids come home from school, they want to relax and play video games, or go on the Internet. And of course, they have homework to do. So, families normally don't spend time talking to each other. This is sad. What can we do about it? We should talk with each other as often as we can. For example, we can talk while eating meals. Also, we can stop what we're doing and play a board game together some evenings. *This is fun, and it gives us a chance to talk.

**1** 윗글의 글쓴이의 주장으로 가장 적절한 것은?
① 가족이 바쁠 때는 서로 도와야 한다.
② 바쁜 현대에 가족 간의 대화를 늘려야 한다.
③ 가족이 같이 할 수 있는 취미 생활을 찾아야 한다.
④ 가족끼리 저녁 시간을 같이 보내도록 노력해야 한다.
⑤ 가족 구성원은 서로 각자의 개인 시간을 인정해 주어야 한다.

> 서술형

**2** 괄호 안의 단어를 빈칸에 알맞은 형태로 고쳐 쓰시오.
My cousin sent _____(I) a card.

### Grammar Points!   수여동사 give

4형식 문장의 동사로 『수여동사 + 간접목적어 + 직접목적어』의 형태이다. '~에게 …을 −해주다'라는 의미를 나타낸다.
**It gives us a chance** to talk. 그것은 우리에게 대화를 나눌 기회를 준다.

4형식 문장은 3형식 문장으로 전환하면 『동사 + 직접목적어 + 전치사 + 간접목적어』의 구조가 된다. 이때 동사에 따라 사용되는 전치사가 다르다.
(1) give(주다), tell(말하다), send(보내다), teach(가르치다), show(보여주다), lend(빌려주다) 등은 3형식으로 전환할 때 전치사 to가 쓰인다.
**I gave her a gift.** → **I gave a gift to her.** 나는 그녀에게 선물을 주었다.
(2) buy(사다), make(만들다), cook(요리하다), choose(고르다) 등은 3형식으로 전환할 때 전치사 for가 쓰인다.
**My mother will buy me a cap.** → **My mother will buy a cap for me.** 우리 엄마가 내게 모자를 사주실 것이다.

work 일; 직장; 직업   rest 쉬다   cook 요리하다   relax 휴식을 취하다   normally 보통   spend time -ing ~하는 데 시간을 보내다   each other 서로
as often as we can 우리가 할 수 있는 한 지주   while ~하는 동안   meal 식사   some evenings 어떤 날 저녁에는   chance 기회

# Word Check ✕ ✕ ✕

[1-2] 다음 괄호 안에서 알맞은 말을 고르시오.

1  I don't (improve / understand) the meaning of the word.

2  We'll go hiking tomorrow. Why don't you (join / enjoy) us?

[3-4] 빈칸에 알맞은 말을 〈보기〉에서 골라 쓰시오.

〈보기〉 out     between     from     on

3  I found _____ he told a lie to her.

4  There is an apple _____ the jar and the cup.

[5-6] 다음 짝지어진 단어의 관계가 같도록 빈칸에 알맞은 말을 쓰시오.

5  normally : usually = disrespectful : _____

6  patient : impatient = same : _____

[7-9] 다음 범주에 어울리지 <u>않는</u> 단어를 고르시오.

7  language: Chinese, Spanish, German, France, English

8  ingredient: sugar, label, flour, potatoes, meat

9  transportation: subway, taxi, airport, bus, train, ship

[10-11] 다음 영영풀이가 뜻하는 단어를 쓰시오.

10  _____ : to make someone feel unhappy or upset

11  _____ : a favorable time or an opportunity

12  빈칸에 공통으로 알맞은 말을 쓰시오.

All rocks are _____ .
Susan studied _____ to pass the exam.
It was _____ work, so I finally gave up.

# Unit 07

## 글의 주장 파악 (2)

⚔ 유형 소개

- 글의 요지를 이해하여 필자의 의견이나 주장을 파악할 수 있는 능력이 있는지 평가하는 문제이다.
- 글의 주장을 찾는 문제의 특징은 '~해야 한다' 또는 '~해라'는 식의 주장을 펼치는 것이다.

⚔ 유형 전략

'글의 주장 파악' 유형은 글의 요지에 기초하여 필자가 주장하는 바를 추론하도록 한다.

**Step 1** 연결어(and, but, however, for example, so, therefore 등)를 주의 깊게 살펴본다.

**Step 2** 직접적으로 주장을 펼친 문장이 없는 경우에는, 필자가 자신의 주장에 대한 근거로 예시를 들거나 가정을 하여 말할 때가 많으므로 이런 부분을 종합하여 필자의 주장을 추론해 본다.

**Step 3** 상식적인 주장이 담긴 선택지는 정답이 아닐 때가 많다. 주어진 지문에 기초하여 필자가 주장하는 바를 정확히 전달하는 선택지를 답으로 고른다.

## Words & Phrases

**at least** 적어도, 최소한
**beat up** ~을 두들겨 패다
**be mad at** ~에 화를 내다
**bloody** 유혈이 낭자한, 피비린내 나는
**broaden** 넓히다
**calmly** 침착하게; 고요히
**decide** 결정하다(n. decision 결정)
**disagree with** ~에 동의하지 않다
**encourage** 격려하다; 권장하다
**expand** 확장하다
**foolish** 어리석은
**guideline** 지침
**imagination** 상상력
**opinion** 의견, 견해

**politely** 예의 바르게, 정중히
**professional** 전문가
**rapidly changing** 빠르게 변화하는
**recent** 최근의
**recharge** 재충전하다
**relieve** 없애주다, 덜어주다
**shout down** ~의 말소리가 들리지 않게 소리치다
**shy** 수줍음을 타는
**stir** 젓다; 자극하다
**take A off B** B에서 A를 뺏다[빼다]
**technical** 기술적인
**turn** 순서
**urge** 촉구하다; 충고하다, 설득하다
**violent** 폭력적인

# Example

Japan is well-known for the long lifespan of its people. The country has almost 70,000 people aged 100 or older, the government said in 2017. A study found that diet is a major factor. The National Centre for Global Health and Medicine found that people who closely followed food guidelines published by the Japanese government were healthier than their peers. Another factor might be the lifestyle of Japan's older population. Many older people continue working by choice rather than economic necessity. They stay active by spending more time participating in local community activities.

① 일본은 노인들을 위한 복지체계가 잘 되어 있다.
② 일본인들의 긴 수명은 식단과 노년의 활동에 기인한다.
③ 지역사회 활동에 대한 활발한 참여가 노년을 즐겁게 한다.
④ 정부의 식단 지침을 따르면 수명이 길어진다.
⑤ 일본은 전 세계에서 기대수명이 가장 긴 나라이다.

## ✕ 문제 해결하기

> **Step 1** 연결어를 살펴보면서 글의 주제문 찾기
> 주제문이 앞쪽에 나와 있지만 일본이 긴 수명을 가지는 요인이 두 가지로 글 전반에 걸쳐 나와 있다.
> 'Another factor'라는 말은 하나의 요인이 앞에 나와 있다는 의미이다.

> **Step 2** 필자의 의견이나 주장 추론하기
> 일본인들의 긴 수명을 정부가 행한 연구를 근거로 제시하며, 연구가 보여주는 두 가지 객관적인 요인을 설명한다. 그 한 가지는 정부가 제시하는 식단 지침이고 다른 하나는 노년의 활동적인 삶의 방식이다.

> **Step 3** 필자의 주장을 정확히 전달하는 선택지 고르기
> 일본과 노년에 관한 이야기는 맞지만, 주요 내용은 긴 수명을 가능하게 하는 두 가지 주요 요인들을 설명하고 있다.

well-known 잘 알려진  lifespan 수명  diet 식단  major 주요한  factor 요인  closely 면밀히, 엄밀히  guideline 지침  publish 출판하다  peer 동년배  population 인구  by choice 자진해서  rather than ~라기보다는  necessity 필요성  stay 머무르다  active 활동적인  participate in ~에 참여하다  local community activity 지역사회 활동

You may think that we'll just become foolish if we play a lot. But there are some companies that encourage employees to work hard and play harder. They think play recharges our brain, stirs our imagination, and makes us more creative. *That helps us solve problems. In addition, playing around relieves stress and makes work more enjoyable. Finally, play helps us get along with other people. And we need to get along with others to succeed in this life.

**1** 윗글의 글쓴이의 주장으로 가장 적절한 것은?

① 다양한 놀이문화를 즐겨라.

② 놀이를 통해 상상력을 키워라.

③ 좋은 대인관계를 위해 놀이를 활용해라.

④ 좀 더 창의적으로 되고 성공하려면 놀아라.

⑤ 평상시에는 놀이를 배제하고 열심히 일하고 공부해라.

서술형

**2** 우리말과 일치하도록 빈칸에 알맞은 말을 쓰시오.

나는 엄마가 설거지하는 것을 도와드릴 것이다.

→ I will _____ my mother _____ the dishes.

**Grammar Points!** help + 목적어 + 목적격 보어

5형식 문장의 구조로 '~가 …하는 것을 돕다'라는 의미를 나타낸다. 목적어 자리에는 목적격이 오며, 목적격 보어 자리에는 동사 원형 또는 to부정사가 온다.

That **helps us solve** problems. 그것은 우리가 문제를 해결하도록 도와준다.

She **helped me (to) move** the table. 그녀는 내가 테이블을 옮기는 것을 도와주었다.

just 그저, 단지  become ~이 되다  foolish 어리석은  play 놀다; 놀이  encourage 격려하다; 권장하다  recharge 재충전하다(re('다시'라는 뜻의 접두어) + charge(충전하다))  brain 뇌  stir 젓다; 자극하다  imagination 상상력  creative 창조적인  help 돕다  solve 해결하다  relieve 없애주다, 덜어주다  enjoyable 즐거운  get along with ~와 잘 지내다  succeed 성공하다

Some students are naturally shy, but we all need to share our opinion. Therefore, we need to practice so that we become better at discussing things. But "discussing" doesn't just mean speaking your mind. *It's also important to listen carefully to what other students say. Wait for them to finish speaking and don't interrupt them. And don't try to shout them down if they disagree with you. If you don't understand them, ask them to explain. Then when it's your turn, speak politely and calmly.

**1** 윗글의 글쓴이의 주장으로 가장 적절한 것은?

① 예의 바르게 말해야 한다.

② 토론을 잘하는 요령을 익혀야 한다.

③ 남의 말에 귀 기울일 줄 알아야 한다.

④ 생각을 솔직히 표현할 수 있어야 한다.

⑤ 내성적인 성격을 외향적으로 바꾸어야 한다.

---

서술형

**2** 우리말과 일치하도록 빈칸에 알맞은 말을 쓰시오.

학교에 걸어서 가는 것이 건강에 좋다.

→ _____ is healthy _____ walk to school.

---

**Grammar Points!**   진주어, 가주어

주어로 온 to부정사구가 길 경우 그 자리에 가주어 it을 넣고, to부정사구(진주어)를 뒤로 보내는데, 이때, 가주어 it은 해석하지 않는다.

<u>To listen carefully to what other people say</u> is also important.

다른 사람들이 하는 말을 주의 깊게 듣는 것도 중요하다.

→ **It's also important to listen carefully to what other people say.**

<u>To swim across the river</u> is difficult. 강을 가로질러 수영하는 것은 어렵다.

→ **It is difficult to swim across the river.**

---

naturally 선천적으로  shy 수줍음을 타는  share 공유하다, 나누다  opinion 의견, 견해  become better at ~을 더 잘하게 되다  speak one's mind
~의 생각을 털어놓다  important 중요한  listen to ~을 귀 기울여 듣다  carefully 주의하여, 신중하게  wait for A to ~ A가 ~하는 것을 기다리다
interrupt 방해하다, 중단시키다  shout down ~의 말소리가 들리지 않게 소리치다  disagree with ~에 동의하지 않다  calmly 침착하게; 고요히

Do you know what "bestie" means? If not, then you may fall behind in the rapidly changing world. *If you want to understand what people are talking about, keep learning new words. Why don't you decide to learn one new word every day? It can be a "big word" that you don't use often. It can be a slang expression. It can be a technical computer term. But expand your vocabulary. Then, you can broaden your view of the world and understand it better.

**1** 윗글의 글쓴이의 주장으로 가장 적절한 것은?

① 컴퓨터 관련 용어를 익혀라.

② 익힐 단어들을 체계적으로 정리해라.

③ 앞서 나가는 의식으로 신조어를 만들어라.

④ 빠르게 변화하는 세상에 대처할 방법을 찾아라.

⑤ 세상에 대한 안목을 넓히기 위해 매일 새로운 단어를 익혀라.

서술형

**2** 다음 질문에 알맞은 답을 윗글을 참조하여 빈칸에 쓰시오.

What can we do to expand our vocabulary according to the passage?

→ We can _____ one _____ _____ every day.

**Grammar Points!** **간접의문문**

주어나 보어, 목적어 자리에 오는 의문문을 간접의문문이라고 한다. 직접의문문과 달리 간접의문문은 의문사를 맨 앞에 쓰고 그 뒤에 평서문과 같은 어순인 주어, 동사의 순서로 써서, 『의문사 + 주어 + 동사』의 어순이 된다.

If you want to understand **what people are talking about**, keep learning new words.

사람들이 무엇에 관해 말하는지 이해하고 싶으면, 새로운 단어를 계속 배워라.

Would you please tell me **what you think**? 당신이 무엇을 생각하고 있는지 말해 주시겠어요?

**bestie** 가장 친한 친구(= best friend)   **fall behind** 뒤처지다   **rapidly changing** 빠르게 변화하는   **understand** 이해하다   **learn** 배우다   **Why don't you ~?** ~하는 게 어때?   **decide** 결정하다(n. decision 결정)   **slang** 속어, 은어   **technical** 기술적인   **term** 용어   **expand** 확장하다   **vocabulary** 어휘   **broaden** 넓히다(broad(넓은) + en(동사형 어미))   **view** 관점, 시각

You always hear, "Music lessons or sports clubs are good out-of-school activities. They can help your future career." *That's true, but a recent study shows that the best thing teens can do is reading books. If teen girls read books at least once a week, 39 percent of them became a manager or professional by age 33. If they don't read books, only 25 percent of them will. For boys, the figures are 58 and 48 percent. Reading develops thinking skills and leads to success.

**1** 윗글의 글쓴이의 주장으로 가장 적절한 것은?

① 다양한 과외 활동을 해야 한다.

② 전문가들의 조언을 많이 들어야 한다.

③ 음악 연습과 운동을 게을리 하지 말아야 한다.

④ 장래의 성공을 위해 십 대들은 독서를 해야 한다.

⑤ 미래에 꿈꾸는 직업을 위해 미리 준비를 해 두어야 한다.

서술형

**2** 다음 문장에서 생략할 수 있는 것을 찾아 쓰시오.

You know that it's bad for your teeth to bite your nails.

→ _____

**Grammar Points!** 접속사 that

that이 두 문장을 이어주는 접속사 역할을 하며, 이때 that은 명사절을 이끌면서 주어, 보어, 목적어 자리에 올 수 있다. 동사 think, know, believe, say, hope 등 다음에 that절이 오면 that절은 목적어 역할을 하므로 that은 생략할 수 있다.

A recent study shows **that** the best thing teens can do is to read books.

= A recent study shows the best thing teens can do is to read books.

최근 연구에 따르면 십 대들이 할 수 있는 가장 좋은 것은 독서이다.

Many people don't believe **(that)** the house is made of bread.

그 집이 빵으로 지어졌다고 많은 사람들은 생각하지 않는다.

out-of-school 과외의   activity 활동   future 미래의   career 직업; 경력   recent 최근의   study 연구   at least 적어도, 최소한   once 한 번
manager 관리자, 책임자(manage(관리하다) + (e)r(명사형 어미))   professional 전문가   age 나이   figures 수치   lead to ~로 이끌다   success 성공

I used to play games all night. They took my mind off my problems. If I was mad at someone, I liked "first-person shooter" games. Some of the games were very bloody, but I didn't mind. After I "shot" hundreds of cyber-people, I didn't feel mad anymore. But one day, a boy at my school beat up his friends. The boy used to play lots of violent games. That shocked me. I realized this: Violent games teach that violence is acceptable. Some people learn to enjoy hurting others in games, so then they sometimes do it in real life. It would be good if game companies didn't produce such violent games. *So I think we should urge them to stop making violent games. And we shouldn't buy their games.

**1** 윗글의 글쓴이의 주장으로 가장 적절한 것은?

① 게임 산업을 육성해야 한다.
② 게임은 화나는 감정을 줄여 준다.
③ 게임을 너무 오래하지 말아야 한다.
④ 스트레스 해소에 게임을 적절히 이용해야 한다.
⑤ 폭력성 높은 게임 생산의 중단을 촉구해야 한다.

서술형

**2** 윗글의 내용과 일치하도록 빈칸에 알맞은 말을 쓰시오.

The writer wants game companies ＿＿＿＿＿ ＿＿＿＿＿ making ＿＿＿＿＿ games.

**Grammar Points!**  **5형식 문장**

『주어 + 불완전타동사 + 목적어 + 목적격 보어』의 형태이며, 목적격 보어 자리에 명사, 형용사, to부정사, 동사원형, 현재분사(-ing), 과거분사(p.p.)가 올 수 있다.

So I think we should **urge them to stop** making violent games.
그래서 나는 우리가 그 회사들에게 폭력적인 게임 만드는 것을 중단하라고 촉구해야 한다고 생각한다.

I **want you to come** here. 나는 네가 여기로 오기를 바란다.

She **made me angry.** 그녀는 나를 화나게 만들었다.

He **heard the baby crying.** 그는 아기가 우는 것을 들었다.

all night 밤새  take A off B B에서 A를 뺏다[빼다]  mind 생각; 언짢아하다, 상관하다  be mad at ~에게 화를 내다  someone 어떤 사람, 누군가  first-person shooter 1인칭 슈팅 게임((자신이 총을 쏘는 사람이 되어 사격하는 컴퓨터 게임))  bloody 유혈이 낭자한, 피비린내 나는  cyber-people 사이버 사람들  anymore 이제 더 이상  beat up ~을 두들겨 패다  violent 폭력적인  shock 충격을 주다, 놀라게 하다  acceptable 용인되는, 받아들여지는  hurt 다치게 하다  company 회사  urge 촉구하다; 충고하다, 설득하다

# Word Check ✕ ✕ ✕

**[1-3] 다음 괄호 안에서 알맞은 말을 고르시오.**

1 Books (broaden / survive) your vision.

2 We have to (shock / share) our opinions on this matter.

3 Sean (politely / highly) asked Mary for her phone number.

**[4-5] 다음 짝지어진 단어의 관계가 같도록 빈칸에 알맞은 말을 쓰시오.**

4 begin : finish = wise : _____

5 imagine : imagination = succeed : _____

**[6-8] 다음 영영풀이가 뜻하는 단어를 쓰시오.**

6 _____ : to understand clearly

7 _____ : likely to hurt other people

8 _____ : the organ inside one's head that controls thoughts, feelings, or movement, and so on

**[9-11] 짝지어진 두 문장의 빈칸에 공통으로 알맞은 말을 쓰시오.**

9
| Jane always speaks her _____ to her mother. |
| Do you _____ opening the window? |

10
| I disagree _____ you. |
| They don't get along _____ each other. |

11
| Playing too much leads _____ problems. |
| I used _____ play baseball, but I don't play it anymore. |

# Unit 08

## 글의 목적

### ✕ 유형 소개

- 필자가 어떤 목적으로 글을 썼는지 파악하는 문제 유형이다.
- 광고문, 안내문, 기사문, 편지, 서평 등 여러 종류의 실용적인 글을 통하여 나타난 필자의 의도, 즉 글의 목적을 옳게 파악하는지 평가하는 문제이다.
- 글의 목적은 마지막 부분에 드러나는 경우가 많으며, 두괄식으로 미리 목적을 밝히는 경우도 있다.

### ✕ 유형 전략

'글의 목적 파악' 유형은 필자가 전달하고자 하는 의도를 파악하는 것이 중요하다.

**Step 1** 글의 목적은 마지막에 드러나는 경우가 많으므로, 우선 마지막 부분에 중점을 두어 읽어 보고, 마지막에 목적이 나타나 있지 않다면 미리 목적을 밝히는 말이 있는지 찾아본다.

**Step 2** Step 1에서 파악한 글의 목적에 맞게 본문이 전개되는지 지문을 읽어 내려가면서 확인한다.

**Step 3** 선택지 중 지문에 나온 말을 일부분만 활용했거나, 관련성은 있지만 구체적인 목적에서는 다른 내용의 선택지를 제거하면서 답을 확인하도록 한다.

## Words & Phrases

apologize 사과하다
around the corner 아주 가까이
audience 청중, 관객
character (영화, 책 등의) 등장인물
costume 의상, 분장
destroy 파괴하다
director 감독, 연출자
face 직면하다; 마주보다
floor 바닥, 마루
hand 건네주다
have a sense of humor 유머 감각이 있다
including ~을 포함하여
kindness 친절함

order 주문하다
park 주차하다
planet 행성
poetry 시
pretend to ~인 체하다
receive 받다
refuse 거절하다
relax 느긋이 쉬다, 휴식을 취하다
respectful 공손한, 경의를 표하는
take part in ~에 참가하다
wait in line 줄서서 기다리다
worry 걱정하다
wow 열광시키다

# Example

**다음 글의 목적으로 가장 적절한 것은?**

Here at Bill's Hobby Shop, we have many different hobby supplies. Do you like to collect things? We carry everything from baseball cards to old stamps to unusual coins. Do you like building model airplanes? We have many exciting models that you can glue together. Do you enjoy drawing or painting? We carry all kinds of art pencils and paper, and many different colors of paints. Come on down to Bill's Hobby Shop on 4889 Main Street today. We have everything you need!

① 상점을 홍보하려고
② 상점 개점을 알리려고
③ 주문품의 배달을 재촉하려고
④ 구입품의 반환을 요청하려고
⑤ 수집 취미의 종류를 소개하려고

## ※ 문제 해결하기

**Step 1** 마지막 부분 또는 시작 부분에서 글의 목적 찾기
마지막 부분 Come on down to Bill's Hobby Shop on 4889 Main Street today. We have everything you need!는 '오늘 메인 스트리트 4889번지에 있는 Bill의 취미 가게로 오세요. 필요하신 모든 것을 다 갖추고 있습니다!'라는 의미이므로 손님들을 끌어모으기 위한 상점의 홍보 글임을 짐작할 수 있다.

**Step 2** Step 1에서 찾은 글의 목적이 글에서 뒷받침되고 있는지 확인하기
처음에 'Bill의 취미 가게'라고 상점명을 밝히고 있고, 구비하고 있는 여러 가지 다양한 취미 용품들을 소개하고 있으므로 상점을 홍보하려는 목적에 부응한다.

**Step 3** 글에 나온 일부 내용만 활용하거나, 또는 관련성은 있지만 목적이 다른 선택지 제외하기
② '상점 개점을 알리려고'와 ⑤ '수집 취미의 종류를 소개하려고'는 지문에 나온 일부(shop, hobby) 어휘를 활용한 오답 선택지이고, ③ '주문품의 배달을 재촉하려고'와 ④ '구입품의 반환을 요청하려고'는 상점과 관련성 있는 말을 활용한 오답이다. 따라서 Step 1에서 파악한 대로 ① '상점을 홍보하려고'가 글의 목적으로 적절하다.

---

different 다양한   supply 물품. 공급품: 공급(량)   collect 수집하다   carry (가게 등에서) 물건을 취급하다   from A to B A부터 B까지   stamp 우표   unusual 특이한. 흔치 않은   build 만들다   exciting 흥미로운   glue together 접착제로 붙이다   drawing 소묘, 데생. 그림   painting (물감으로 그린) 그림(cf. paint 그림물감)   art pencil 미술 연필

A few days ago, I saw two firefighters waiting in line at a fast-food restaurant. They looked happy, like other people there waiting for lunch. Suddenly, the siren went off on their fire truck parked outside. When they turned to leave, an old couple handed their burgers to the firefighters. *Then the couple got back in line to order again. Impressed by their kindness, the manager refused to take their money.

**1** 윗글의 목적으로 가장 적절한 것은?

① 도움을 주는 사람들의 마음을 보여주려고
② 바쁜 공무원들의 생활을 보여주려고
③ 인스턴트 식품의 편의성을 알리려고
④ 소방대원의 바쁜 스케줄을 나타내려고
⑤ 위급한 상황에 대처하는 방법을 알려주려고

서술형

**2** 다음 문장을 4형식으로 바꾸어 쓰시오.

An old couple handed their burgers to the firefighters.

→ An old couple handed _____.

---

**Grammar Points!**   to부정사의 부사적 용법

to부정사가 부사의 역할을 하여 동사, 형용사, 부사, 또는 문장 전체를 꾸며주는 경우를 말하며, 그 쓰임에 따라 '목적(~하기 위해)', '감정의 원인(~하게 되니)', '결과(결국 ~하게 되다)', '조건(~하다면)' 등의 의미를 나타낸다.

**Then the couple got back in line to order again.** (목적) 그리고 나서 그 부부는 다시 주문하기 위해 돌아가서 줄을 섰다.
**I'm sorry to hear that.** (감정의 원인) 그 말을 들으니 유감스럽다.
**Jason grew up to be a very famous artist.** (결과) Jason이 성장하여 아주 유명한 예술가가 되었다.
**I would be happy to see that movie.** (조건) 저 영화를 볼 수 있다면, 난 행복할 텐데.

---

**wait in line** 줄서서 기다리다   **suddenly** 갑자기   **siren** 사이렌   **go off** 울리다   **park** 주차하다   **turn** 돌아서다   **hand** 건네주다   **order** 주문하다
**impressed** 감명[감동]받은   **kindness** 친절함   **refuse** 거절하다

Every April 22 is Earth Day. On this day, we should stop to think about ways we can protect the Earth. This is the only world we have. *If we destroy (a) <u>it</u>, we will have nothing left. So learn about things you can do to protect our planet. Tell your parents to go to the website of the Earth Day Network. If they donate some money, (b) <u>they</u> will help the people at the Network get out their important message. You can also receive a gift.

**1** 윗글의 목적으로 가장 적절한 것은?
① 웹사이트를 홍보하려고
② 기금 기부를 권장하려고
③ 기부금의 사용처를 밝히려고
④ 웹사이트 가입을 권유하려고
⑤ 지구 보존 아이디어를 모집하려고

서술형
**2** 밑줄 친 (a), (b)가 각각 가리키는 것이 무엇인지 찾아 쓰시오.
(a) _____ (b) _____

---

**Grammar Points!**   조건절의 if

『if + 주어 + 현재 동사 ~, 주어 + will + 동사원형 ...』의 형태로 쓰이며 '만약 ~하면'이라는 의미를 나타낸다. 실현 가능성이 있는 미래의 상황을 말할 때 사용하며, if절에는 현재 시제를 사용한다. if ~ not은 unless(만약 ~하지 않는다면)로 바꾸어 쓸 수 있다.
**If** we destroy it, we **will** have nothing left. 우리가 이것을 파괴하면 우리에게 남아 있는 것이 아무것도 없게 될 것이다.
**If** you do **not** get up now, you'll miss the class. 너는 지금 일어나지 않으면 수업을 놓칠 것이다.
= **Unless** you get up now, you'll miss the class.

---

stop to ~하기 위해 중단하다[멈추다]   protect 보호하다   only 유일한   destroy 파괴하다   nothing 아무것도 ~않다   leave 남다(leave-left-left)
planet 행성   tell 말하다   parents 부모   donate 기부하다   get out ~을 펴내다   message 메시지   receive 받다   gift 선물

An audition is an interview for an acting job. Most teens worry when they face an audition. But relax! Here are some tips to help you succeed:

- Learn everything you can about the character you want to play.
- Learn about the director, including other movies he's made.
- Look your best, but don't worry about your appearance.
- Don't pretend to be older. Act natural.
- Speak up. Be respectful, but don't be shy.

*Follow these tips, and you'll pass that audition!

**1** 윗글의 목적으로 가장 적절한 것은?
① 오디션 일정을 공지하려고
② 오디션 내용을 알려주려고
③ 오디션 지원자를 모집하려고
④ 오디션을 위한 조언을 주려고
⑤ 오디션 참가 규정을 알려주려고

서술형
**2** 다음 질문에 알맞은 답을 윗글을 참조하여 빈칸에 쓰시오.
What is an audition?
→ It is _____.

---

**Grammar Points!**   명령문, and/or

『명령문, and ~』는 '~해라, 그러면 …할 것이다'라는 의미를 나타내고, 『명령문, or ~』는 '~해라, 그렇지 않으면 …할 것이다'라는 의미를 나타낸다.
**Follow these tips, and** you'll pass that audition! 이 조언들을 따르라, 그러면 여러분은 그 오디션을 통과할 것이다!
**Hurry up, and** you'll catch the train. 서둘러라, 그러면 기차를 탈 것이다.
**Hurry up, or** you'll miss the train. 서둘러라, 그렇지 않으면 기차를 놓칠 것이다.

---

interview 면접, 인터뷰  **acting** 연기  **worry** 걱정하다  **face** 직면하다; 마주보다  **relax** 느긋하게 쉬다, 휴식을 취하다  **tip** 정보  **character** (영화, 책 등의) 등장인물  **play** 연기하다  **director** 감독, 연출자  **including** ~을 포함하여  **other** 다른  **look one's best** 가장 멋지게 보이다  **appearance** 외모, 모습(appear(나타나다) + ance(명사형 어미))  **pretend to** ~인 체하다  **natural** 자연스러운  **speak up** 더 크게 말하다  **respectful** 공손한, 경의를 표하는  **shy** 수줍어하는

Dear Mrs. Watkins,

I wanted to apologize. I feel so bad. When I carried your cake into the class, I started dancing. I don't know why, but it was a mistake. That's why I tripped and dropped the cake on the floor. I'm sorry that you didn't get to eat any. I hope that you will forgive me. Sally took a photo of it before I dropped it. Here's a copy of the photo. *I hope it makes you feel better.

Bert Jones

**1** 윗글의 목적으로 가장 적절한 것은?

① 댄스 파티를 제안하려고
② 아프신 선생님을 위로하려고
③ 선생님의 사진을 보내주려고
④ 케이크 만드는 방법을 물어보려고
⑤ 자신이 저지른 실수에 대해 사과하려고

서술형

**2** 다음 문장에서 어법상 어색한 부분을 찾아 고쳐 쓰시오.

This e-mail made her feeling bad.

_____ → _____

**Grammar Points!** 사역동사

『사역동사 + 목적어 + 동사원형(목적격 보어)』의 형태로 쓰며, '~에게 …하도록 만들다[하다]'라는 의미를 나타낸다. 사역동사로 make, have, let 등이 있으며, 목적격 보어 자리에 동사가 올 경우 반드시 동사원형을 써야 한다.
I hope it **makes you feel** better. 이것으로 당신의 기분이 좀 나아지시기를 바랍니다.
She **made him laugh**. 그녀는 그를 웃게 만들었다.

dear 사랑하는, 소중한; ~에게[께]   apologize 사과하다   carry 들고 가다   into ~ 안으로   start 시작하다   mistake 실수   That's why 그래서 ~하다   trip 발을 헛디디다   drop 떨어뜨리다   floor 바닥, 마루   any 아무것도   forgive 용서하다   take a photo of ~의 사진을 찍다   before ~하기 전에   feel better 기분이 나아지다

## 장문 독해

The school talent show is just around the corner. Are you planning to take part in it? *What are you going to do? Let me give you some ideas. They'll help you decide what to do. If you're good at singing, you can sing a pop song, a funny song, or even an opera piece. Do you like to dance? Do a hip-hop dance, a folk dance, or even a ballroom dance. How about "wowing" the audience with some magic tricks? You can find some ideas for magic tricks on the internet. If you have a good sense of humor, tell some jokes. Or try to recite poetry while wearing a costume and doing dramatic movements. Find out what you're good at and go for it!

**1** 윗글의 목적으로 가장 적절한 것은?

① 학교 대회를 홍보하려고

② 대회 참가자를 뽑으려고

③ 대회 참가를 권유하려고

④ 소질 개발을 권장하려고

⑤ 장기자랑 아이디어를 주려고

서술형

**2** 다음 질문에 자신과 관련된 답을 쓰시오.

What are you going to do this weekend?

→ I am _____.

**Grammar Points!**　be going to + 동사원형

가까운 미래의 일을 나타내며, '~할 예정이다'라는 의미이다. will을 대신하여 쓸 수 있고, be동사는 주어의 인칭 및 수에 따라 변화한다. 부정형은 be동사 뒤에 not을 넣는다.

What **are** you **going to do**? 너는 무엇을 할 예정이니?

He **is going to play** soccer with his friends this afternoon. 그는 오늘 오후에 친구들과 축구를 할 예정이다.

He **isn't going to play** soccer with his friends this afternoon. 그는 오늘 오후에 친구들과 축구를 하지 않을 것이다.

▼

talent show 장기자랑 대회　around the corner 아주 가까이　take part in ~에 참가하다　what to do 무엇을 할지　be good at ~을 잘하다
funny 재미있는　opera 오페라　piece 한 개, 한 가지　folk dance 민속춤　ballroom dance 사교댄스　How about -ing? ~하는 건 어떤가?
wow 열광시키다　audience 청중, 관객　magic trick 마술 묘기　have a sense of humor 유머 감각이 있다　recite 낭독하다, 암송하다　poetry 시
costume 의상, 분장　find out ~을 생각해 내다; 알아보다　go for it 단호히 목적을 추구하다; 자, 해봐

# Word Check ✕ ✕ ✕

**[1-3] 다음 괄호 안에서 알맞은 말을 고르시오.**

1   There is (nothing / something) in the box. It's empty.

2   I will (recite / pretend) to be a prince in front of the girls.

3   She is talking over the phone (while / because) washing the dishes.

**[4-6] 빈칸에 알맞은 말을 〈보기〉에서 골라 쓰시오.**

| 〈보기〉 carry     character     unusual |
| --- |

4   She likes to collect _____ things.

5   Voldemort is a main _____ in "Harry Potter."

6   He's going to _____ a backpack this year.

**[7-8] 다음 짝지어진 단어의 관계가 같도록 빈칸에 알맞은 말을 쓰시오.**

7   leave : arrive = accept : _____

8   appear : appearance = move : _____

**[9-11] 다음 영영풀이가 뜻하는 단어를 쓰시오.**

9   _____ : to not catch something

10   _____ : polite or showing respect

11   _____ : to give money or a helpful gift to a person or an organization which needs aid

12   **다음 문장의 밑줄 친 부분과 바꾸어 쓸 수 있는 것을 고르시오.**

| Arthur will <u>get</u> lots of letters from his fans. |
| --- |

① find out        ② go for        ③ worry

④ receive        ⑤ make an effort

# Unit 09

## 연결사 넣기

### ✕ 유형 소개

- 빈칸으로 제시된 부분에 들어갈 적절한 연결어를 찾는 문제 유형이다.
- 글의 논리적 연관성과 글의 응집성을 파악하고자 하는 문제이다.

### ✕ 유형 전략

'연결사 넣기' 유형은 내용의 의미적 연결을 이해할 수 있어야 한다.

**Step 1** 선택지로 제시된 연결어를 재빨리 훑어본다.

빈출 연결어: however(그러나) for example(예를 들면) so(그래서, 그러므로) in addition(게다가) as a result(결과적으로) therefore(그러므로) in short(간략히 말해, 요약하자면) in contrast(반대로, 대조적으로) otherwise(그렇지 않으면) moreover(더욱이)

**Step 2** 빈칸 앞뒤 내용 간에 역접이나 대조를 이루는지, 예시를 들고 있는지, 결과에 대해 말하는지, 조건을 나타내는지, 다른 말로 바꾸어 설명하는지, 요약을 하고 있는지 등을 파악한다.

**Step 3** 선택지의 연결어를 빈칸에 넣어 글의 응집성이 명확한지 확인한다.

## Words & Phrases

average 평균의
birth rate 출산율
break the law 법률을 위반하다
by accident 우연히
certain 특정한, 어떤
depend on ~에 의존하다
disease 질병
donate 기부하다, 기증하다
earn 벌다
fisherman 어부
fishing 고기잡이, 어업
grow 재배하다
laundry 세탁물
logically 논리적으로

nutrition 영양 섭취
outside 야외에서
put off 미루다, 연기하다
rapidly 빠르게
resist 저항하다, 반대하다
spend (시간을) 보내다; (돈을) 쓰다
terrible 끔찍한
throw away ~을 버리다
trend 경향, 동향
tropical 열대 지방의
unpleasant 불쾌한, 안 좋은(↔ pleasant)
wash dishes 설거지하다
well 우물

**다음 글의 빈칸 (A), (B)에 들어갈 말로 가장 적절한 것은?**

정답 및 해설 p.13

Soft drinks (also called "pop" or "soda") are a major threat to your health. In the past, teens drank lots of milk, and the calcium built strong teeth. _____(A)_____, many modern teens drink pop all day long. The sugar in soft drinks makes an acid in your mouth. This acid attacks your teeth and softens them, _____(B)_____ it's easy for cavities to start. Every time you drink a mouthful of soda, the acid harms your teeth for twenty minutes.

|  | (A) |  | (B) |
|---|---|---|---|
| ① | However | …… | so |
| ② | However | …… | in addition |
| ③ | For example | …… | so |
| ④ | For example | …… | in addition |
| ⑤ | As a result | …… | so |

## ✕ 문제 해결하기

**Step 1  선택지 연결어 파악하기**
however(그러나): 역접이나 대조를 나타내는 연결어이다. so(그래서): 결과를 나타내는 연결어이다. for example(예를 들면): 예시를 들 때 사용되는 연결어이다. in addition(게다가): 열거 내용을 첨가할 때 사용되는 연결이다. as a result(결과적으로): 결과를 말할 때 사용되는 연결어이다.

**Step 2  빈칸 앞뒤 내용 간의 관계 파악하기**
(A) 십 대들이 우유를 많이 마셨던 과거와 탄산수를 많이 마시는 요즘의 십 대들의 상황을 비교하고 있는데 두 문장은 '대조'를 이루고 있다. (B) 앞의 내용인 청량음료에 든 산이 이를 공격하여 이가 약해지는 것은 '원인'이 되고 '충치가 생길 수 있다'는 뒤의 내용은 '결과'가 된다.

**Step 3  선택지에서 적절한 연결어 확인하기**
(A) 대조를 이루는 맥락에는 '역접'을 이루는 However가 알맞고, (B) 원인과 결과를 이어줄 때는 '그래서, 그러므로'라는 의미의 so가 적절하다.

soft drink 청량음료   pop 탄산수(= soda)   major 주요한, 주된   build 만들다(build-built-built)   tooth 이, 치아(복수형 teeth)   modern 현대의   all day long 온종일, 아침부터 밤까지   sugar 설탕, 당분   acid 산   mouth 입   attack 공격하다   soften 부드럽게 하다   cavity (치아에 생긴) 구멍, 충치   every time ~할 때마다   a mouthful of 한입의   harm 해치다, 해롭게 하다

Bananas are a popular, cheap food. Every year, farmers in tropical countries grow 160 billion tons of bananas. Millions of people depend on them for daily nutrition. _____(A)_____ , *farmers earn money by selling bananas to other nations. But in the 1990s, a terrible disease began killing banana plants around the world. Soon bananas will become expensive and millions of people will go hungry. The farmers will earn no money. _____(B)_____ , scientists are working hard to create banana plants that can resist this disease.

**1** 윗글의 빈칸 (A), (B)에 들어갈 말로 가장 적절한 것은?

| (A) | | (B) |
|---|---|---|
| ① For example | ‥‥‥ | However |
| ② For example | ‥‥‥ | Therefore |
| ③ In short | ‥‥‥ | However |
| ④ In addition | ‥‥‥ | Therefore |
| ⑤ In addition | ‥‥‥ | In contrast |

서술형

**2** 다음 질문에 알맞은 답을 윗글을 참조하여 빈칸에 쓰시오.

Why are scientists working hard now?

→ They are working hard _____ .

---

**Grammar Points!**  전치사의 목적어로 쓰이는 동명사

전치사 뒤에 동사가 올 때는 동명사 형태로 써서 전치사의 목적어가 되도록 한다.
Ann is good **at playing** the piano. Ann은 피아노를 잘 친다.

『by + 동명사』는 '~함으로써'라는 의미로 '수단'을 나타내며 자주 쓰이는 표현이다.
Farmers earn money **by selling** bananas to other nations. 농부들은 바나나를 다른 나라에 팔아 돈을 번다.

---

popular (대중적으로) 인기 있는   cheap 값이 싼(↔ expensive 값비싼)   farmer 농부   tropical 열대 지방의   country 나라, 국가   grow 재배하다
billion 십억   depend on ~에 의존하다   daily 매일의   nutrition 영양 섭취   earn 벌다   sell 팔다   terrible 끔찍한   disease 질병   plant 식물
go hungry 굶주리다   scientist 과학자   create 창조하다   resist 저항하다, 반대하다

American marriage trends are changing rapidly. First of all, Americans are putting off their marriage. *How old are average American people at their first marriage? Men are 29 and women are 27 — the highest in modern history. _____(A)_____, an American woman is expected to have 1.9 children, compared with the birth rate of 3.7 children in 1960. Another big change is that marriage among people of different races is becoming more and more common. In 1980, only 7% of all marriages in the U.S. were between people of different races. _____(B)_____, in 2010, that number doubled to 15%.

**1** 윗글의 빈칸 (A), (B)에 들어갈 말로 가장 적절한 것은?

| (A) | | (B) |
|---|---|---|
| ① Moreover | ······ | Nevertheless |
| ② For example | ······ | Plus |
| ③ Moreover | ······ | However |
| ④ So | ······ | Plus |
| ⑤ For example | ······ | Nevertheless |

서술형

**2** 다음 문장의 밑줄 친 부분에 대해 묻는 의문문을 쓰시오.

We go shopping <u>twice</u> a week.

→ _____ _____ do you go shopping?

---

**Grammar Points!**　　의문사 how + 형용사/부사

How old ~? ~는 몇 살이에요? (나이) / How long ~? 얼마나 긴 ~? (기간) / How much ~? 얼마나 ~? (금액, 셀 수 없는 양) /
How many ~? 몇 개 ~? (개수) / How often ~? 얼마나 자주 ~? (빈도)

**How old** is your son? 당신의 아들은 몇 살인가?

**How long** do you sleep? 당신은 얼마나 오래 자나요?

**How much** is the new shirt? 이 새 셔츠는 얼마예요?

**How often** do you watch movies? 얼마나 자주 영화를 보나요?

---

trend 경향, 동향　rapidly 빠르게　first of all 우선, 무엇보다도　put off 미루다, 연기하다　average 평균의　modern 현대의, 근대의　expect 기대하다
compared with ~와 비교해서　birth rate 출산율　race 인종　common 흔한, 보통의　double 두 배가 되다　moreover 게다가

We all know that weather affects people's moods. People are usually happier on sunny days. *They're sadder when it's cloudy or rainy. But unpleasant weather has some good effects also. _____(A)_____, people often think more logically then. They understand facts better and make superior decisions. They even remember things better on overcast days. _____(B)_____, if it's sunny, people think about doing fun things outside. However, when the weather is bad, they focus more on their work, and get more done.

**1** 윗글의 빈칸 (A), (B)에 들어갈 말로 가장 적절한 것은?

| | (A) | | (B) |
|---|---|---|---|
| ① | Otherwise | ⋯⋯ | In short |
| ② | Otherwise | ⋯⋯ | As a result |
| ③ | For example | ⋯⋯ | In short |
| ④ | However | ⋯⋯ | Also |
| ⑤ | For example | ⋯⋯ | Also |

서술형

**2** 우리말과 일치하도록 빈칸에 알맞은 말을 쓰시오.

오늘 날씨가 춥다.

→ _____ is _____ today.

---

**Grammar Points!** 　　비인칭주어 it

날씨, 명암, 시간, 거리, 계절, 요일 등을 나타낼 때 사용한다. 비인칭주어 it은 아무런 의미가 없으며 형식적인 주어 역할만 한다. 따라서 '그것'이라고 해석하지 않는다.

**It's Sunday.** 오늘은 일요일이다.
**It's 7 o'clock now.** 지금 7시이다.
**They're sadder when it's cloudy or rainy.** 그들은 흐리거나 비가 올 때는 더 우울하다.

---

weather 날씨　affect 영향을 미치다　mood 기분　cloudy 흐린　rainy 비가 오는　unpleasant 불쾌한, 안 좋은(↔ pleasant)　effect 영향, 효과
logically 논리적으로 (logical(논리적인) + ly(부사형 어미))　understand 이해하다　fact 사실　superior 우수한, 더 나은　decision 결정　even ~도, 조차
remember 기억하다　overcast 잔뜩 흐린　outside 야외에서　focus on ~에 집중하다

There are 7 billion people on Earth, and they like to eat fish. _____(A)_____, there are many fishing boats in the seas. They are over fishing 30 percent of the world's fish. Certain kinds of popular fish are almost gone. Also, people don't like to eat some kinds of fish, but every year fishermen catch billions of them by accident. *They just throw them away. _____(B)_____, they break the law by catching young fish. If people don't change, by 2048 there will be no fish left to eat.

**1** 윗글의 빈칸 (A), (B)에 들어갈 말로 가장 적절한 것은?

| (A) | | (B) |
|---|---|---|
| ① Therefore | ⋯⋯ | Moreover |
| ② Therefore | ⋯⋯ | In addition |
| ③ In contrast | ⋯⋯ | Moreover |
| ④ In short | ⋯⋯ | In addition |
| ⑤ In short | ⋯⋯ | For example |

서술형

**2** 괄호 안의 단어들을 올바르게 배열하여 문장을 완성하시오.

Did you turn on the heater? It's too hot. (off / it / turn / please).

→ _____

**Grammar Points!** 이어동사(Two-word Verb)

이어동사는 『타동사 + 부사』의 형태이며 목적어로 일반명사가 오면 부사 앞이나 뒤, 어느 쪽에나 쓸 수 있고, 목적어로 대명사가 오면, 『타동사 + 대명사 + 부사』의 어순으로 대명사는 타동사와 부사 사이에 반드시 위치해야 한다. 『타동사 + 부사 + 대명사』의 어순은 사용하지 않는다.

They just **throw** them **away**. 그들은 그냥 그것들을 버린다.
Please **turn off** the light. 불 좀 꺼 주세요.
= Please **turn** the light **off**.
*cf.* Please **turn** it **off**. (○) / Please **turn off** it. (×)

---

billion 십억   on Earth 지구상에서   fish 물고기, 생선   fishing 고기잡이, 어업   over fish 물고기를 너무 많이 잡다   certain 특정한, 어떤   kind 종류   almost 거의   fisherman 어부   catch 잡다   by accident 우연히   just 그저, 단지   throw away ~을 버리다   break the law 법률을 위반하다   young 어린   change 바뀌다, 변화하다

People need water to drink, to bathe, to wash dishes and laundry, and to grow crops. *In many countries there is very little water. _____(A)_____, people get sick because they can't stay clean. Also, many girls in Africa and India spend hours every day carrying water from faraway wells. They have no time to go to school. We can do things to help. First, we must learn more about this problem. Then we can tell others about it. We can also do our part to save water. For example, we can take shorter showers. _____(B)_____, we can donate money. The money will pay workers to dig new, deep wells near the poor villages. It will also buy machines that take salt out of seawater, so that people can drink it.

**1** 윗글의 빈칸 (A), (B)에 들어갈 말로 가장 적절한 것은?

| (A) | | (B) |
|---|---|---|
| ① Otherwise | ⋯⋯ | However |
| ② Otherwise | ⋯⋯ | For example |
| ③ In short | ⋯⋯ | However |
| ④ As a result | ⋯⋯ | For example |
| ⑤ As a result | ⋯⋯ | In addition |

서술형

**2** 다음 질문과 지시에 따른 답을 쓰시오.

What can we do to solve water problems? Write two things. You can write them in Korean.

→(1) _____

(2) _____

---

**Grammar Points!**  much / little + 불가산 명사

much(많은) / little(거의 없는) / a little(약간의)은 모두 셀 수 없는 명사 앞에만 쓸 수 있는 양을 나타내는 표현들이다.
**In many countries there is very little water.** 많은 나라에 물이 거의 없다.
**We need a little milk, but we have little milk.** 우리는 약간의 우유가 필요하지만, 우유가 거의 없다.

---

need 필요하다  bathe 목욕하다  wash dishes 설거지하다  laundry 세탁물  grow 재배하다  crop 작물  get sick 아프게 되다  stay 그대로 있다
spend (시간을) 보내다; (돈을) 쓰다  faraway 멀리 떨어진  well 우물  others 다른 사람들  part 역할, 부분  save 절약하다  take a shower 샤워하다
donate 기부하다, 기증하다  worker 작업자, 일꾼  dig 파다  deep 깊은  village 마을  machine 기계  salt 소금  out of ~에서  seawater 바닷물

# Word Check ✕ ✕ ✕

**[1-3] 다음 괄호 안에서 알맞은 말을 고르시오.**

1 Some people get salt (out / out of) water.

2 The country's (old / modern) government was formed over 100 years ago.

3 They attempted a(n) (try / attack) by night.

**[4-5] 다음 짝지어진 단어의 관계가 같도록 빈칸에 알맞은 말을 쓰시오.**

4 tooth : teeth = fish : _____

5 build : built = buy : _____

**[6-8] 다음 영영풀이가 뜻하는 단어를 쓰시오.**

6 _____ : affordable and not expensive

7 _____ : a choice that you make

8 _____ : to get money by working

**[9-10] 짝지어진 두 문장의 빈칸에 공통으로 들어갈 전치사를 쓰시오.**

9 _____ the past, people rode in wagons.

Emily Dickinson was not popular _____ her day.

10 John picked up a wallet _____ accident.

I put the desk _____ the window.

11 **빈칸에 알맞은 것을 고르시오.**

> Children _____ their parents for food, clothing and shelter.

① go hungry     ② get sick     ③ depend on

④ have no idea     ⑤ take a shower

# Unit
## 10

## 글의 종류

✖ 유형 소개

• 글의 서술상의 특징을 찾아 글의 종류를 찾는 문제 유형이다.
• 광고, 편지, 소설, 안내문, 설명서, 초대장, 서평, 지원서 등 고유한 글의 목적이 담긴 글이 제시되므로 글의 전체적인 서술 방식 및 특징을 파악할 수 있는지 평가하는 문제이다.

✖ 유형 전략

'글의 종류' 파악 유형은 글의 서술 내용 및 글의 용도 등을 잘 파악해야 한다.

**Step 1** 글을 쓴 목적에 따라 글의 종류가 달라지므로 글의 의도나 목적을 찾아 본다.

**Step 2** 글의 서술상 특징과 글의 용도가 무엇인지 파악해 본다.

**Step 3** 선택지에서 적절한 종류를 찾아 답을 정한 다음, 오답 선택지 중 답의 가능성이 있는지 여부를 점검해 본다. 평소에 글의 종류를 나타내는 말을 익혀 두도록 한다.

## Words & Phrases

adventure 모험
allow 허락하다
class 강좌, 수업
clothes 옷
courage 용기
creative 창의적인, 창조적인
dirt 더러움, 때
downtown 도심지, 중심지
dragon 용
enroll 등록하다
faraway 먼, 아득한
instruction 교육, 강습
intensive 집중적인
international 국제적인

look forward to -ing ~을 고대하다
leading 선두적인; 주요한
limited 제한적인
load 넣다, 채워 넣다
offer 제공하다
perform 공연하다
permit 허용하다
prove 증명하다, 입증하다
provide 제공하다
range (일정한 범위 내에서) 변동하다
reserve 예약하다
reward 보상
terrific 멋진, 대단한

# Example

**다음 글의 종류로 가장 적절한 것은?**

정답 및 해설 p.15

Audrey Hepburn was born in Belgium. When she was young, she had very little food, so she ate tulip bulbs to survive. When she was 22, she went to New York to star in a play. She was then hired to act in the film, "Roman Holiday." She later became famous for her role in "My Fair Lady." Hepburn was a wealthy movie star, and people envied her glamorous lifestyle. Later, however, she did volunteer work for the United Nations. She helped many poor children.

① novel
② poem
③ letter
④ biography
⑤ advertisement

## ※ 문제 해결하기

**Step 1  글의 목적 파악하기**
Audrey Hepburn이 태어난 후 성장기의 어려웠던 시절, 그리고 22세 때 연극을 시작하고, 이어 영화에 출연하여 유명한 배우가 된 사실, 그리고 후에 부유한 삶을 살았지만 인생 후반부에 자원봉사 활동을 펼쳤던 이야기까지를 서술한 글로, 글의 목적을 집약해서 담은 문장은 없다. 이럴 때는 글의 내용을 종합해 보아야 하는데, 한 유명 인물에 관해 출생 후 주요 업적, 그리고 사망까지 정리하고 있으므로 한 사람의 일대기를 소개하려는 것이 글의 목적이 된다.

**Step 2  서술상의 특징 파악하기**
Audrey Hepburn이라는 유명한 배우에 관한 사실들을 진술하고 있다. 특히 출생 후 성장기, 배우로서 성공한 이야기, 그리고 인생 후반의 자원봉사 활동 경력까지 소개하고 있으므로 '전기문'에 해당한다.

**Step 3  선택지 점검하기**
전기문이므로 ④ biography가 정답이다. ① novel은 '소설', ② poem은 '시', ③ letter는 '편지', ⑤ advertisement는 '광고'이므로 모두 Audrey Hepburn의 인물 설명에 비추어 적절하지 않다.

---

little 거의 없는  tulip bulb 튤립 구근  survive 생존하다  star 주연하다  play 연극  hire 고용하다. 채용하다  wealthy 부유한(wealth(부, 재산) + y(형용사형 어미))  envy 부러워하다  glamorous 매혹적인  lifestyle 삶의 방식. 생활 양식  volunteer work 자원봉사

Dear Jason and Monica,

You are invited to our swimming party! Join us for a terrific, fun time!

**When:** Saturday, March 20

**Time:** 3:00 to 6:00 in the afternoon

**Where:** Big Splash Waterslides, 44563 Elkhorn Street, Smalltown, Ohio

*__What to bring:__ A bathing suit, a towel, and ten dollars. The waterslides cost ten dollars per person.

**RSVP:** Please phone Helen at 377-999-8875 by March 15 if you're coming. We look forward to seeing you!

**1** 윗글의 종류로 가장 적절한 것은?

① notice

② survey

③ invitation

④ instructions

⑤ advertisement

서술형

**2** 우리말과 일치하도록 빈칸에 알맞은 말을 쓰시오.

다음 달에 수영하는 방법을 가르쳐 줄게.

→ Let me teach you _____ _____ _____ next month.

---

**Grammar Points!** 의문사 + to부정사

『의문사 + to부정사』는 명사구로서 주어, 보어, 목적어로 쓰이며, know, ask, tell, learn, decide, show 등의 목적어로 자주 사용된다. 『how + to부정사』 ~하는 방법, 어떻게 ~하는지 / 『what + to부정사』 무엇을 하는지 / 『when + to부정사』 언제 ~할지 / 『where + to부정사』 어디에서 ~할지 / 『which + to부정사』 어느 것을 ~할지

**What to bring:** A bathing suit, a towel, and ten dollars. The waterslides cost ten dollars per **person.** 가져올 것: 수영복, 수건, 그리고 10달러. 워터슬라이즈는 1인당 10달러 비용이 든다.

invite 초대하다 join 참여하다, 가입하다 terrific 멋진, 대단한 in the afternoon 오후에 what to bring 가져올 것 bathing suit 수영복 towel 수건 cost 비용이 들다 per person 1인당 RSVP 회답 요망((프랑스어 Répondez s'il vous plaît. = Reply, please.)) phone 전화하다 look forward to -ing ~을 고대하다

J.R.R. Tolkien wrote "The Hobbit" in 1932. The story is about Bilbo Baggins, a small man called a Hobbit. Bilbo traveled to a faraway mountain with 14 Dwarves and a wizard named Gandalf. They went to get their gold back from a dragon. Bilbo and the Dwarves had many adventures on the way there. *In the end, a great war started because Men, Elves, Goblins, and Dwarves all wanted the gold. In this adventure, Bilbo changed a lot and proved that he had great courage.

**1** 윗글의 종류로 가장 적절한 것은?

① essay
② novel
③ scenario
④ biography
⑤ book review

서술형

**2** 다음 질문에 알맞은 답을 윗글을 참조하여 빈칸에 쓰시오.

When did J.R.R. Tolkien write "The Hobbit?"

→ He ＿＿＿＿＿＿ it ＿＿＿＿＿＿ ＿＿＿＿＿＿.

---

**Grammar Points!** 이유를 나타내는 접속사 because

접속사이므로 뒤에 주어, 동사가 필요하며, '∼ 때문에' 또는 '왜냐하면'이라는 의미를 나타낸다. 뒤에 명사(구)가 올 경우 전명구 because of를 쓴다.

In the end, a great war started **because** Men, Elves, Goblins, and Dwarves all wanted the gold.
결국 사람, 요정, 악귀, 그리고 난쟁이들이 모두 금을 원했기 때문에 큰 전쟁이 시작되었다.

**Because of** his help, I was able to win the contest. 그의 도움 때문에, 나는 콘테스트에서 우승할 수 있었다.

---

story 이야기　about ～에 관하여　travel 여행하다　faraway 먼, 아득한　mountain 산　dwarves 난쟁이들(dwarf의 복수형)　wizard 마법사　get A back A를 도로 찾다　dragon 용　adventure 모험　on the way 가는[오는] 길에　in the end 결국, 마지막에는　war 전쟁　elf 작은 요정, 꼬마　goblin 악귀, 마귀　change 변하다　prove 증명하다, 입증하다　courage 용기

Here are some simple do's and don'ts when using a washing machine: Do take all coins, tissues, etc. out of the pockets. Don't mix white clothes with dark or colored clothes. Do use cold water for colored laundry and hot water for white laundry.

Don't load too many clothes in your washer, or it won't wash out the dirt well. Do turn T-shirts inside out if they have a design on them. *And finally, don't forget to put in the laundry detergent.

**1** 윗글의 종류로 가장 적절한 것은?

① advertisement

② notice

③ article

④ instructions

⑤ travel journal

서술형

**2** 다음 빈칸에 알맞은 말을 쓰시오.

A: Did you return the book to the library?

B: Oh, I forgot _____ _____ it.

---

**Grammar Points!**  forget to do vs. forget doing

forget to do는 '앞으로 해야 할 일을 잊어버리다'라는 의미이고, forget doing은 '과거에 한 일을 잊어버리다'라는 의미이다.
She **forgot to send** this package. 그녀는 이 소포를 부치는 것을 잊어버렸다.
She **forgot sending** this package. 그녀는 이 소포를 부쳤던 일을 잊어버렸다.

remember to do는 '앞으로 해야 할 일을 기억하다'라는 의미이고, remember doing은 '과거에 한 일을 기억하다'라는 의미이다.
He **remembers to write** an email to his uncle. 그는 삼촌에게 이메일을 쓸 것을 기억하고 있다.
He **remembers writing** an email to his uncle. 그는 삼촌에게 이메일을 썼던 일을 기억하고 있다.

---

do's 해야 할 것들  don'ts 하지 말아야 할 것들  washing machine 세탁기  take A out of B B에서 A를 꺼내다  coin 동전  tissue 티슈, 화장지  etc. ~ 등  clothes 옷  dark 어두운  laundry 세탁물  load 넣다, 채워 넣다  washer 세탁기  wash out 물로 씻어내다  dirt 더러움, 때  turn A inside out A의 안과 밖을 뒤집다  forget to ~할 것을 잊다  put in 넣다  laundry detergent 세탁 세제

Are you looking for the best in Bahamian food? Do you want to eat (A)[what / which] Bahamians eat? Then try the Bahamian Kitchen. We're right downtown, located on Trinity Place, just a short block from Straw Market. We offer Bahamian home cooking at its best – everything from peas and rice to the freshest seafood on the island! So, for great food, great service, great prices, and a great mood, it's the Bahamian Kitchen! Open daily 11 a.m. to 10 p.m. (B)[Though / If] you want to reserve, hurry up. *THE SOONER, THE BETTER!

**1 윗글의 종류로 가장 적절한 것은?**

① essay
② diary
③ review
④ survey
⑤ radio ad

서술형

**2 (A), (B)에서 어법상 적절한 것을 골라 쓰시오.**

(A) _____ (B) _____

---

**Grammar Points!**  비교급 표현

「The+비교급, the+비교급」 구문은 독해에 자주 등장하는 구문이므로 반드시 암기한다. 해석은 '~할수록 더욱 …하다'라는 의미이다.
참고로 「get+비교급」의 경우 '점점 더 ~해지다'라는 의미이다.
**The more** you have, **the more** you want. 더 많이 가질수록 더 많이 원한다.
**The days are getting shorter and shorter.** 날이 점점 더 짧아지고 있다.

---

look for ~을 찾다   downtown 도심지, 중심가   located on[in] ~에 위치한   offer 제공하다   home cooking 가정요리, 가정식   mood 분위기
(= atmosphere)   reserve 예약하다(= make a reservation; book)   hurry up 서두르다(= make a haste)

**장문 독해**

SOCAPA (School of Creative and Performing Arts) is one of the leading art schools in the world. We offer intensive two — or three — week summer courses in the arts. All of our teachers are highly qualified. We teach dancing, acting, music, photography, screenwriting and filmmaking. *Students live on campus and all meals are provided. Class sizes range from 10~18 students. About 25 percent of them are international students. These students must understand English well, however, as all instructions are in English. Students work hard and study hard. As a reward, we provide daily activities and fun weekends in the locations where they tour and perform. No alcohol or drugs are permitted. We allow cell phones, but they must be turned off during classes. Enroll today! Space is limited.

**1** 윗글의 종류로 가장 적절한 것은?

① article　② review　③ survey　④ invitation　⑤ advertisement

서술형

**2** 다음 질문에 알맞은 답을 윗글을 참조하여 빈칸에 쓰시오.

When can the students NOT use their cell phones?

→ They cannot use them ＿＿＿＿＿＿ ＿＿＿＿＿＿.

---

**Grammar Points!**　all vs. every

| all: 모두 합친 것을 의미할 때의 '모든'을 의미 | every: '모든'의 의미이지만 하나하나를 가리킴 |
| --- | --- |
| 명사로 사용 가능 | 단독으로는 명사로 쓰이지 않음 |
| 〈all + 가산명사의 복수형/불가산 명사〉<br>Students live on campus and **all** meals are provided.<br>학생은 캠퍼스에 거주하며, 모든 식사가 제공됩니다.<br>We should turn off **all** the lights.<br>우리는 모든 전등을 꺼야 한다. | 〈every + 가산명사의 단수형〉<br>**Every** student should come to school tomorrow. 모든 학생은 내일 등교해야 한다. |

---

**creative** 창의적인, 창조적인　**performing arts** 공연 예술(*cf.* perform 공연하다)　**leading** 선두적인; 주요한　**offer** 제공하다　**intensive** 집중적인　**qualified** 자격이 되는, 자질이 있는　**acting** 연기　**screen writing** 시나리오 제작　**film making** 영화 제작　**meal** 식사　**provide** 제공하다　**class** 강좌, 수업　**range** (일정한 범위 내에서) 변동하다　**international** 국제적인　**instruction** 교육, 강습　**reward** 보상　**location** 장소, 위치　**tour** 견학하다　**drug** 약, 마약　**permit** 허용하다　**allow** 허락하다　**enroll** 등록하다　**space** 자리, 공간　**limited** 제한적인

# Word Check ✖ ✖ ✖

**[1-2] 다음 괄호 안에서 알맞은 말을 고르시오.**

1  The Fireball Ride (costs / sketches) 10 dollars.

2  I'd like to (call / invite) you to a party.

**[3-4] 빈칸에 알맞은 말을 〈보기〉에서 골라 쓰시오.**

> 〈보기〉 get back     turn off     look forward     wash out

3  I'm _____ing _____ to seeing you soon.

4  Can you _____ _____ the TV? I should study.

**[5-6] 다음 짝지어진 단어의 관계가 같도록 빈칸에 알맞은 말을 쓰시오.**

5  phone : call = permit : _____

6  instruct : instruction = locate : _____

**[7-8] 다음 범주에 어울리지 <u>않는</u> 단어를 고르시오.**

7  book genre: essay, movie, diary, fairy tale, biography

8  month: April, March, February, Saturday, July

**[9-11] 다음 영영풀이가 뜻하는 단어를 쓰시오.**

9  _____ : happening every day

10  _____ : the ability to be brave when you're in danger

11  _____ : to make a trip from one place to another

12  **빈칸에 공통으로 알맞은 말을 쓰시오.**

> 그 이야기는 마법사와 그의 없어진 새에 관한 이야기이다.
> The story is _____ a magician and his missing bird.
> 박물관은 대략 100년쯤 되었다.
> The museum is _____ 100 years old.

# Unit 11

## 글의 순서 배열하기

- 주어진 여러 개의 단락들을 적절한 순서대로 찾아 배열하는 문제 유형이다.
- 글의 논리적인 흐름 내지는 시간적인 흐름을 파악할 수 있는지 평가하는 문제이다.

✕ 유형 전략

'글의 순서 배열하기' 유형은 내용의 자연스러운 흐름을 찾는 것이 중요하다.

**Step 1** 주어진 글이나 문장이 있는 경우 꼼꼼히 읽어 무엇에 관한 글인지 내지는 어떤 내용이 이어질지 예측해 본다.

**Step 2** 지시어나, 대명사 또는 연결어를 잘 이용하여 글의 자연스러운 흐름을 연결한다.

**Step 3** 글의 논리적 흐름 또는 시간적인 흐름이 적절하게 배치되었는지 확인한다.

## Words & Phrases

afterward 뒤에, 나중에
against the law 법에 위배되는
attraction 매력
be tired of ~에 싫증나다
claim 주장하다
easily broken 쉽게 깨지는
exactly 정확히
farmer 농부
highest point 최고점
knee 무릎
match 어울리다
modern 현대의
offer 제시하다

pay a fine 벌금을 내다
public place 공공장소
rush 서두르다
scrape 긁다
shepherd 양치기
spill 엎지르다
spray 뿌리다
tiny 매우 작은
trade 교환하다
valuable 값비싼; 귀중한
weigh 무게를 달다; 무게, 중량(n. weight)
worth 가치 있는

# Example

**주어진 글 다음에 이어질 글의 순서로 가장 적절한 것은?**

Most teens in the United States own a smartphone. And they use them a lot.

(A) This can be very dangerous because they don't watch where they go. They sometimes walk into holes. Or they step in front of moving cars.

(B) They talk to their friends and check their messages often. Many also use their smartphones to go on the Internet. That can be helpful.

(C) But some American teens use their phones too much. They use them while walking down the street.

① (A)—(B)—(C)　　② (B)—(A)—(C)　　③ (B)—(C)—(A)

④ (C)—(A)—(B)　　⑤ (C)—(B)—(A)

---

## ✖ 문제 해결하기

**Step 1　주어진 글을 통해 핵심 내용 파악하기**
주어진 글을 통해 미국 십 대들의 스마트폰 이용에 관한 글임을 알 수 있다.

**Step 2　지시어, 대명사, 연결어 찾기**
(A)는 This로 시작하고 있으므로, '무엇이' 위험할 수 있는지 생각해 본다. (C)의 마지막 문장 내용인 '길거리를 걷는 동안 스마트폰을 사용하는 것'이 위험할 수 있으므로 (C) 다음에 (A)가 온다. (B)는 They로 시작하고 있으므로 '누구' 내지는 '무엇'을 가리키는지 찾는다. 친구들과 대화하고 메시지를 확인한다는 첫 문장으로 보아, They는 스마트폰을 이용하는 십 대임을 알 수 있다. 따라서 (B)가 주어진 글 다음에 이어진다. (C)는 '그러나'라는 의미의 역접을 나타내는 접속사로 시작하고 있다. 즉 십 대들이 전화기를 너무 많이 이용한다는 부정적인 의견을 말하고 있으므로 그 앞에는 전화기 이용에 대한 긍정적인 측면이 나올 수 있다. 따라서 (B)의 마지막 문장 "스마트폰은 도움이 될 수 있다." 다음에 (C)가 오는 것이 적절하다.

**Step 3　논리적인 흐름/시간적인 흐름에 맞는지 확인하기**
2단계에서 추론한 글의 순서는 (B)-(C)-(A)이다. 스마트폰을 많이 사용하는 십 대에 관한 글 다음에, 어디에 주로 사용하는지 설명하는 글 (B)가 이어지고, 그 다음으로 과다 사용 현상을 설명한 (C)가 온다. 그리고 마지막에 지나친 사용으로 인해 생길 수 있는 문제점을 설명한 (A)가 오므로 글의 일관성이 유지되고 있다. 따라서 ③ (B)-(C)-(A)가 정답이다.

---

own 소유하다　dangerous 위험한　because ~이기 때문에　watch 보다　hole 구멍　in front of ~의 앞에서　helpful 도움이 되는　while ~하는 동안　street 거리

These days, millions of people are on Twitter.

(A) Every day they send short messages called "tweets" to their friends. Many teens are on Twitter, too.

(B) When the sharks are about one kilometer away from the beach, their radio sends out a "tweet." Then all the people quickly get out of them.

(C) *But here's something amazing: more than 300 sharks near Australia are on Twitter, too. Sharks kill more people around Australia than anywhere else. So scientists put tiny radios on the sharks.

**1** 주어진 글 다음에 이어질 글의 순서로 가장 적절한 것은?

① (A)—(B)—(C)  ② (A)—(C)—(B)  ③ (B)—(A)—(C)
④ (C)—(A)—(B)  ⑤ (C)—(B)—(A)

서술형

**2** 다음 질문에 알맞은 답을 윗글을 참조하여 빈칸에 쓰시오.

What will happen when the sharks' radio sends out a "tweet"?

→ _____

---

**Grammar Points!**  **something + 형용사**

형용사가 -thing으로 끝나는 부정대명사(something, anything, nothing 등)를 꾸며 주는 경우 형용사는 부정대명사 바로 뒤에 위치한다.

But here's **something amazing**. 그러나 여기 놀라운 것이 있다.
I will do **something special** for her. 나는 그녀를 위해 뭔가 특별한 것을 할 것이다.
We can't find **anything good**. 어떤 좋은 것도 찾을 수 없다.

---

millions of 수많은, 수백만의  called 불리는  shark 상어  about 대략, 약  away 떨어져, 멀리  radio 라디오; 무선 통신 장치, 무전기  send out ~을 내보내다  quickly 재빨리(quick(빠른) + ly(부사형 어미))  get out of ~에서 벗어나다  amazing 놀라운  around 주변에; 대략  scientist 과학자  tiny 매우 작은

(A) And when I got home, my mom told me that the dog was missing. As I said, today wasn't a good day.

(B) I rushed to catch the bus, but fell and scraped my knee. During lunch, I spilled juice all over my sweater. Then my math teacher gave the class lots of homework.

(C) Today wasn't a good day. It all started when I woke up late for school. *I was in a big hurry and put on clothes that didn't match.

**1** 윗글 (A)~(C)의 순서로 가장 적절한 것은?

① (A)—(B)—(C)
② (B)—(A)—(C)
③ (B)—(C)—(A)
④ (C)—(A)—(B)
⑤ (C)—(B)—(A)

서술형

**2** 윗글의 내용과 일치하도록 빈칸에 알맞은 말을 쓰시오.

The writer got up _____, _____ he rushed to the _____ stop.

---

**Grammar Points!** 　주격 관계대명사 that

관계대명사는 접속사와 대명사 역할을 합쳐 놓은 것이다. 주격 관계대명사가 이끄는 절에서 주어를 대신해서 쓸 때는 who, which, that을 쓰는데, '사물'이 선행사일 때는 which 또는 that을 쓸 수 있다.

I was in a big hurry and put on <u>clothes</u> **that** didn't match. 나는 굉장히 서둘렀고 어울리지 않는 옷을 입었다.

<u>The dog</u> is very cute. + <u>It</u> lives next door.

<u>The dog</u> **which[that]** lives next door is very cute. 옆집에 사는 그 개는 매우 귀엽다.

---

missing 없어진, 실종된　**as** ~하듯이, ~한 대로　**rush** 서두르다　**catch** 잡다　**scrape** 긁다　**knee** 무릎　**spill** 엎지르다　**sweater** 스웨터　**lots of** 많은
**wake up** 깨어나다　**be in a hurry** 서두르다　**put on** ~을 입다　**match** 어울리다

Gabrielle "Coco" Chanel's second biggest hit was her perfume, "Chanel No. 5." This perfume was first offered for sale in 1923, during the highest point of Chanel's success in both Europe and the United States.

(A) Chanel put her perfume in a solid rectangular bottle to contrast with all other women's perfume of the time which were sold in easily broken small bottles.

(B) In addition, in creating "Chanel No. 5," she put her own name on the product. *Today, it is hard to find a designer who has not named a perfume after themselves.

(C) It was not just the attraction of the perfume _____ made "Chanel No. 5" such a hit. The perfume's success was also due to Chanel's marketing strategy.

*strategy 전략

**1** 주어진 글 다음에 이어질 글의 순서로 가장 적절한 것은?

① (A)—(B)—(C)  ② (B)—(A)—(C)  ③ (B)—(C)—(A)
④ (C)—(A)—(B)  ⑤ (C)—(B)—(A)

서술형

**2** 빈칸에 들어갈 알맞은 말을 쓰시오.

_____

**Grammar Points!** 현재완료 용법

현재완료란 '과거의 어느 시점에서부터 현재까지 행위가 이어지는 것'을 말한다. 현재완료의 형태로는 『have+과거분사』의 형태로 쓰며, 3인칭 주어일 때는 have대신 has를 쓴다. 현재완료 용법에는 '완료, 경험, 결과, 계속' 용법이 있다.
I **have** just **finished** my project. (완료) 나는 막 프로젝트를 끝냈다.
I **have seen** him only once before. (경험) 나는 전에 딱 한 번 그를 본적이 있다.
He **has gone** to France. (결과) 그는 프랑스로 가고 지금 여기에 없다.
I **have been studying** English for 10 years. (계속) 나는 10년 동안 영어공부를 계속하고 있다.

perfume 향수  offer 제시하다  for sale 판매용  highest point 최고점  success 성공  solid 견고한  rectangular 직사각형의  contrast with ~와 대조적으로  be sold 판매되다  easily broken 쉽게 깨지는  attraction 매력  be due to ~ 때문이다

(A) But there is graffiti in every city of America. Some of it is interesting and attractive. *The people who draw graffiti claim that they are artists.

(B) But most graffiti is ugly. Many cities are very tired of graffiti, so they made it against the law. If they catch someone drawing graffiti, they make them pay a fine.

(C) Graffiti is writing and drawings in public places. New York City is famous for the graffiti sprayed on its subway walls and its buildings.

**1** 윗글 (A)~(C)의 순서로 가장 적절한 것은?

① (A)—(B)—(C)    ② (A)—(C)—(B)    ③ (B)—(C)—(A)

④ (C)—(A)—(B)    ⑤ (C)—(B)—(A)

서술형
**2** 윗글의 밑줄 친 it이 가리키는 것을 본문에서 찾아 쓰시오.

_____

---

**Grammar Points!** 주격 관계대명사 who

'사람'이 선행사일 때는 주격 관계대명사로 who 또는 that을 쓸 수 있다.
The people claim that they are artists. + The people draw graffiti.
= The people **who** draw graffiti claim that they are artists. 그라피티를 그리는 사람들은 자신들이 예술가라고 주장한다.
Sally has a friend. + The friend lives on Jeju-do.
Sally has a friend **who[that]** lives on Jeju-do. Sally는 제주도에 사는 친구가 하나 있다.

---

graffiti 그라피티, 낙서   attractive 매력적인(attract(끌다) + ive(형용사형 어미)   draw 그리다   claim 주장하다   artist 예술가   ugly 추한   be tired of ~에 싫증나다   against the law 법에 위배되는   catch 잡다   pay a fine 벌금을 내다   public place 공공장소   be famous for ~로 유명하다   spray 뿌리다   subway 지하철(sub('아래'를 뜻하는 접두어) + way(길))

In the beginning, there was no money. If a farmer wanted a sheep, he traded some grain for it. This was called "bartering." But sometimes the shepherd didn't need grain. *Then the farmer did some work for him.

(A) Ancient people weighed things by a weight called the shekel. Everyone agreed how much one gold shekel was worth. If the price of one sheep was 1.25 shekels of gold, the farmer paid exactly that much.

(B) Then, around 700 BC, the Greeks began to make different-sized gold and silver coins. Each kind of coin weighed exactly the same. That's how modern money began.

(C) Afterward, the shepherd paid him with one sheep. But often the shepherd didn't need any work, either. Then the farmer had to give him something everyone wanted — like valuable silver or gold.

**1** 주어진 글 다음에 이어질 글의 순서로 가장 적절한 것은?

① (A)—(B)—(C)  ② (B)—(A)—(C)  ③ (B)—(C)—(A)
④ (C)—(A)—(B)  ⑤ (C)—(B)—(A)

서술형

**2** 우리말과 일치하도록 빈칸에 알맞은 말을 쓰시오.

나는 John에게는 아무런 질문할 것이 없다.

→ I don't have ＿＿＿＿＿＿ ＿＿＿＿＿＿ for John.

**Grammar Points!**  **some /any**

「some/any + 복수 명사/불가산 명사」의 형태로 쓰이며, some은 긍정문이나 권유하는 의문문에 주로 쓰고, any는 부정문이나 의문문에 주로 쓰인다.

**Then the farmer did some work for him.** 그러면 농부는 그를 위해 일을 좀 해주었다.
**I want some milk.** 「some + 불가산 명사」 나는 우유를 좀 원한다.
**There are some people in the room.** 「some + 복수 명사」 방에 몇 사람이 있다.
**Can I get some coffee?** (권유문) 커피 좀 가져다 드릴까요?
**You can't buy any clips in the shop.** 「any + 복수 명사」 너는 그 가게에서는 클립을 살 수 없어.
**Is there any juice in the fridge?** 「any + 불가산 명사」 냉장고 안에 주스가 있니?

in the beginning 처음에  farmer 농부  sheep 양(cf. 단수와 복수형이 같음)  trade 교환하다  grain 곡물  barter 물물교환하다  shepherd 양치기  need 필요하다  ancient 고대의, 옛날의  weigh 무게를 달다; 무게, 중량(n. weight)  shekel 셰켈(고대의 무게 단위, 현재 이스라엘의 통화 단위)  exactly 정확히(exact(정확한) + ly(부사형어미))  different-sized 다른 크기의  afterward 뒤에, 나중에  either (부정문에서) 또한, 역시  valuable 값비싼; 귀중한

# Word Check ✕ ✕ ✕

**[1-3] 다음 괄호 안에서 알맞은 말을 고르시오.**

1  Your advice was very (tired / helpful).

2  Prices have risen by (about / someone) five percent.

3  It's very cold outside. (Take off / Put on) this warm sweater.

**[4-6] 다음 빈칸에 들어갈 말을 〈보기〉에서 골라 쓰시오.**

| 〈보기〉 law     front     hurry |
| --- |

4  We should _____, or we'll be late.

5  Only a few people are running in _____ of me.

6  Don't throw waste on the roadside. It's against the _____.

**[7-8] 다음 짝지어진 단어의 관계가 같도록 빈칸에 알맞은 말을 쓰시오.**

7  catch : miss = ancient : _____

8  quick : quickly = exact : _____

**[9-11] 다음 영영풀이가 뜻하는 단어를 쓰시오.**

9  _____ : very small

10  _____ : to have the same opinion about something

11  _____ : a person who takes care of sheep

12  **다음 문장의 밑줄 친 부분과 바꾸어 쓸 수 있는 것을 고르시오.**

| There are <u>about</u> 50 million people in the Republic of Korea. |
| --- |

① at          ② over          ③ around

④ with          ⑤ for

# Unit

## 12

---

# 주어진
# 문장 넣기

## ✖ 유형 소개

- 글의 흐름에 비추어 주어진 문장이 들어가기에 적절한 위치를 찾는 문제 유형이다.
- 글의 내용을 자연스럽게 만들 수 있는지와 관련된 글의 일관성에 관한 문제이다.

## ✖ 유형 전략

'주어진 문장 넣기' 유형은 내용의 흐름이 끊기는 부분을 찾는 것이 중요하다.

**Step 1** 주어진 문장을 먼저 읽고 단서를 찾아본다.

**Step 2** 지문을 읽어 내려가면서 앞뒤 문장 사이에 내용의 흐름이 끊기는 부분이 있는지 찾는다. 논리적인 흐름이나 시간상의 흐름에 비추어 끊기는지 확인해 본다.

**Step 3** 흐름이 끊기는 부분에 주어진 문장을 넣어 글의 일관성이 잘 유지되는지 확인한다.

## Words & Phrases

appearance 외모
at the same time 동시에
be satisfied with ~에 만족하다
bull 황소
chase 쫓다, 추격하다
dangerous 위험한
enter 들어가다
extinct 멸종한, 불이 꺼진
happen 일어나다, 발생하다
have a blast 아주 즐거운 한때를 보내다
horn 뿔
in front of ~ 앞에서
injured 다친, 부상을 입은
inside ~ 안에

lose weight 체중을 줄이다
missing 없어진, 실종된
normally 보통 때는
owner 주인, 소유자
return 돌려주다
similar 비슷한
slip 미끄러지다
soldier 병사, 군인
take place 일어나다
through ~을 관통하여
tradition 전통
treasure 보물
used to ~하곤 했다
wipe out 전멸하다

# Example

글의 흐름으로 보아, 주어진 문장이 들어가기에 가장 적절한 곳은?

> Others think that this is going too far.

Cats and dogs are amazing creatures. They are affectionate and loyal. ( ① ) They are intelligent and cute. ( ② ) These days, more and more people say, "Pets are people, too." ( ③ ) Many couples have no children, but they have pets. ( ④ ) So they consider their pets their children. When some rich people die, they leave millions of dollars to their pets. ( ⑤ ) Pets are wonderful, and we should take good care of them, but they aren't people.

## ✕ 문제 해결하기

**Step 1** **주어진 문장 읽기**
'다른 사람들은 이것이 너무 지나치다고 생각한다'라는 의미이므로 어떤 사람들은 어떤 것에 대해 괜찮다고 생각하는 긍정적인 이야기 다음에 주어진 문장의 위치가 될 수 있다는 것을 짐작할 수 있다. 그리고 주어진 문장에서 this가 무엇인지 글을 읽으면서 찾아낼 준비를 한다.

**Step 2** **내용 흐름이 끊기는 부분 찾기**
애완동물의 장점에 대해 이야기하고 심지어 부유한 사람들은 수백만 달러를 애완동물에게 유산으로 준다(When some rich people die, they leave millions of dollars to their pets.)는 문장과, 애완동물을 잘 돌봐야 하긴 하지만 그것들이 사람은 아니라는 마지막 문장(Pets are wonderful, and we should take good care of them, but they aren't people.) 사이에 흐름이 뚝 끊긴다.

**Step 3** **주어진 문장을 넣어 글의 일관성 확인하기**
결국, 주어진 문장(Others think that this is going too far.)의 this는 '부유한 사람들이 수백만 달러를 애완동물에게 유산으로 주는 것'을 가리키며, 이것이 지나치다고 생각하는 사람들이 있다는 것이므로, 주어진 문장이 ⑤의 위치에 들어가면 글의 흐름이 자연스럽게 연결된다.

---

**go too far** 도를 넘다 **amazing** 놀라운 **creature** 생물 **affectionate** 다정한(affect(마음을 움직이다) + (t)ion(명사형 어미) + ate(형용사형 어미)) **loyal** 충성스러운 **intelligent** 똑똑한 **cute** 귀여운 **pet** 애완동물 **couple** 두 사람, 부부, 남녀 **consider** 고려하다, 간주하다 **leave** 남기다 **take care of** ~을 돌보다

In the nineteenth century, American and British fishermen nearly wiped out the seals of Antarctica. ( ① ) However, after almost becoming extinct, the Antarctic seals have made a surprising comeback. ( ② ) Although scientists admit that other factors may be responsible for the seal's comeback, they are convinced that the severe decrease in the baleen whale population is a major cause. ( ③ ) The baleen whale and antarctic seal once competed for the same food source – a tiny shellfish called Krill. ( ④ ) *While the baleen whale is going extinct now, the seals have inherited an almost unlimited food supply. ( ⑤ ) That increase in the seals' food supply is considered a major reason for the seals' comeback.

*baleen whale 수염고래  **inherit 물려받다, 상속하다

**1** 윗글의 흐름으로 보아, 주어진 문장이 들어가기에 가장 적절한 곳은?

> The population is now rapidly increasing.

서술형

**2** 윗글을 한 문장으로 요약하고자 한다. 빈칸 (A)와 (B)에 들어갈 말을 본문에 있는 단어를 사용하여 쓰시오.

> As the _____(A)_____ of the baleen whales gets smaller, the Antarctic seals are starting to _____(B)_____ .

(A) _____    (B) _____

**Grammar Points!**    접속사 while

while은 접속사로 '~하는 동안에; ~라고는 하지만(양보절을 이끎); 그런데, 한편으로(대조)'라는 의미로 자주 쓰인다. during과 for도 '~동안에'라는 뜻이긴 하지만 during 다음에는 '특정한 기간'이 오고, for 다음에는 '수치상의 정확한 기간' 즉 숫자가 이어진다.

My mother cleaned my room **while[as]** I was watching TV. TV를 보는 동안 엄마는 내 방을 청소하셨다.
**While** I admit that it is difficult, I don't think it is impossible.
내가 그것은 어려운 것이라고 인정하지만 불가능하다고는 생각지 않는다.
I've read fifty pages, **while** she has read only twenty pages.
나는 50페이지 읽었는데 반면에 그녀는 20페이지밖에 못 읽었다.
I will learn Spanish **during the summer vacation.** 나는 여름방학 동안에 스페인어를 배울 것이다.
Thomas studied hard **for three days** to pass the exam. Thomas는 시험에 통과하기 위해 3일 동안 열심히 공부했다.

wipe out 전멸하다   Antarctica 남극대륙   extinct 멸종한, 불이 꺼진   factor 요인   be responsible for ~에 책임이 있다   comeback 복귀
convince 납득시키다   severe 심각한   decrease 감소   population 개체 수, 인구   major cause 주요한 원인   compete for ~을 위해 경쟁하다
tiny 매우 작은   unlimited 무한정의   food supply 식량 공급   consider 간주하다, 고려하다

Hello! My name is Park Jun-seo. ( ① ) But here in Canada everyone just calls me "John." ( ② ) My parents wanted me to learn to speak English better. ( ③ ) What a great idea! Now I live with Mr. and Mrs. Smith and their two children. ( ④ ) Their oldest son, Justin, is my age, and he and I talk nonstop. ( ⑤ ) *As a result, my spoken English is getting much better. And I'm having a blast, too!

**1** 윗글의 흐름으로 보아, 주어진 문장이 들어가기에 가장 적절한 곳은?

> So six months ago they sent me to Vancouver to study.

서술형

**2** 윗글의 내용과 일치하도록 빈칸에 알맞은 말을 쓰시오.

Park Jun-seo is in Canada now, and is _____ to speak English. He's staying with a Canadian _____.

---

**Grammar Points!**    비교급 강조 부사

형용사나 부사의 비교급을 강조하여 말할 때는 much, still, far, a lot, even 등을 쓴다. 형용사나 부사의 원급을 강조할 때는 very를 쓸 수 있지만 비교급을 강조할 때는 very를 쓸 수 없다.
**My spoken English is getting much better.** 내 회화는 훨씬 더 좋아지고 있어.
**He is far taller than me.** 그는 나보다 키가 훨씬 더 크다.
**He is very taller than me. (×)**
**My brother is very tall.** 우리 형은 키가 매우 크다.

---

call 부르다   learn 배우다   speak 말하다(speak-spoke-spoken)   age 나이   nonstop 휴식 없이   as a result 결과적으로   get better 나아지다
much 훨씬   have a blast 아주 즐거운 한때를 보내다

During the Second World War, Germany made war on other nations. ( ① ) When German soldiers entered a country, they stole its treasures. They took many thousands of famous paintings. ( ② ) But by 1997, over 100,000 paintings were still missing. ( ③ ) In March 2012, police found more than 1,400 paintings in an apartment in Germany. ( ④ ) To steal all this art was wrong. And to keep it is wrong. ( ⑤ ) *It's time to return all this art to its owners.

**1** 윗글의 흐름으로 보아, 주어진 문장이 들어가기에 가장 적절한 곳은?

> After the war, they said they would return them.

서술형

**2** 우리말과 일치하도록 빈칸에 알맞은 말을 쓰시오.

내게 먹을 것 좀 가져다줄래?

→ Can you bring me something _____ _____ ?

---

**Grammar Points!**　**to부정사의 형용사적 용법**

『명사/대명사 + to부정사』의 형태로 쓰이며, to부정사가 형용사 성질을 띠고 앞의 명사 또는 대명사를 꾸며주어 '~할' 내지는 '~해야 할'의 의미를 나타낸다.

It's time **to return** all this art to its owners. 이 모든 미술품을 주인에게 반환할 때이다.

I have no water **to drink**. 나는 마실 물이 없다.

Some girls eat food **to feel** better. 몇몇 소녀들은 기분을 더 좋게 해 줄 음식을 먹는다.

---

during ~ 동안에　Second World War 2차 세계대전　Germany 독일　soldier 병사, 군인　enter 들어가다　steal 훔치다(steal-stole-stolen)　treasure 보물　thousands of 많은; 수천 개의　painting 회화, 그림　over ~ 이상　missing 없어진, 실종된　wrong 잘못된, 틀린　it's time to ~할 시간이다　art 미술품, 예술품　owner 주인, 소유자　return 돌려주다

Many people want to look slimmer. So, they try to lose weight by eating nothing. ( ① ) Here are some good ways to lose weight while staying healthy. ( ② ) *Eat all the kinds of food you normally eat, but just eat 10~20% less of them. When you're thirsty, don't drink sweet drinks. ( ③ ) They make you weigh more. Drink mostly water if you're thirsty. ( ④ ) And here's one more thing: don't eat snacks after dinner. ( ⑤ ) If you follow these ideas, you'll be satisfied with your health and your appearance at the same time!

**1** 윗글의 흐름으로 보아, 주어진 문장이 들어가기에 가장 적절한 곳은?

> It's really bad not to eat because it'll hurt your health.

서술형

**2** 다음 문장에서 생략 가능한 것을 찾아 빈칸에 쓰시오.

The shirt which I want to buy is too expensive.

→ _____

---

**Grammar Points!**  목적격 관계대명사

관계대명사절에서 선행사가 목적어 역할을 할 때 목적격 관계대명사를 사용하는데 선행사가 '사람'이면 who, whom, 또는 that을 쓰고, '사물'이면 which나 that을 쓴다. 이때, 목적격 관계대명사는 생략 가능하다. 주격 관계대명사는 『관계대명사 + 동사』이지만, 목적격 관계대명사는 『관계대명사 + 주어 + 동사』의 구조로 되어 있다.

Eat <u>all the kinds of food</u> (which) you normally eat. 여러분이 일반적으로 먹는 모든 종류의 음식을 먹어라.
This is <u>the person</u> (whom) I want to meet the most. 이 사람이 내가 가장 만나고 싶은 사람이다.

---

look slim 날씬해 보이다  lose weight 체중을 줄이다  nothing 아무것도  way 방법, 길  stay healthy 건강을 유지하다  all the kinds of 모든 종류의
normally 보통 때에  less 더 적은 것  thirsty 목이 마른  weigh 무게가 ~이다  snack 간식  follow 따르다  be satisfied with ~에 만족하다
appearance 외모  at the same time 동시에  hurt 상하게 하다, 해치다

An exciting festival takes place every July 6~14 in Pamplona, Spain. It's called the Running of the Bulls, because bulls run through the streets of the city. ( ① ) People used to chase the bulls into the bullring, a sports arena inside Pamplona. Young men ran in front of <u>them</u> to show how brave they are. ( ② ) These days, people come from all over the world to see the bulls and people run. ( ③ ) It's exciting, but dangerous. Every year, 200~300 people are injured. Some are hurt by the bulls' horns, but most get hurt when they slip and fall. ( ④ ) Sometimes the bulls kill people. ( ⑤ ) *The Running of the Bulls is so popular that many other cities and towns in Spain, Portugal, and Mexico now have similar festivals.

**1** 윗글의 흐름으로 보아, 주어진 문장이 들어가기에 가장 적절한 곳은?

> This happened every year, and soon it became a tradition.

서술형
**2** 윗글의 밑줄 친 them이 가리키는 것을 본문에서 찾아 쓰시오.

→ _____

---

**Grammar Points!**    **so ~ that …**

'매우 ~해서 …하다'라는 의미로 원인과 결과를 나타내며, 『so ~ that … can't』는 '너무 ~해서 …할 수 없다'라는 의미로
『too ~ to …』로 바꾸어 쓸 수 있다.
The Running of the Bulls is **so** popular **that** many other cities and towns in Spain, Portugal, and Mexico now have similar festivals. '소몰이 축제'는 매우 인기가 있어서 스페인, 포르투갈, 그리고 멕시코의 많은 다른 도시와 마을에서도 이제 비슷한 축제가 열린다.
She was **so** weak **that** she **couldn't** carry the boxes. 그녀는 너무 약해서 상자들을 옮길 수 없었다.
= She was **too** weak **to** carry the boxes.

---

exciting 신나는, 흥미진진한   take place 일어나다   bull 황소   through ~을 관통하여   used to ~하곤 했다   chase 쫓다, 추격하다   bullring 투우장
arena 경기장, 공연장   inside ~ 안에   in front of ~ 앞에서   brave 용감한   from all over the world 전 세계에서   dangerous 위험한   injured 다친,
부상을 입은   be hurt 다치다, 부상을 입다   horn 뿔   slip 미끄러지다   fall 넘어지다   become ~이 되다(become-became-become)   tradition 전통

# Word Check ✕ ✕ ✕

**[1-3] 다음 괄호 안에서 알맞은 말을 고르시오.**

1 My dog likes (chasing / run) cat.

2 The singer is very (loyal / popular) among us.

3 Actually, (over / under) 20 guests will come to the party, but we only have 18 chairs.

**[4-6] 다음 빈칸에 들어갈 말을 〈보기〉에서 골라 쓰시오.**

> 〈보기〉 dangerous    place    time

4 The book fair will take _____ in May.

5 It's possible to exercise and read at the same _____.

6 The streets are very _____.

**[7-8] 다음 짝지어진 단어의 관계가 같도록 빈칸에 알맞은 말을 쓰시오.**

7 speak : spoken = become : _____

8 wonder : wonderful = thirst : _____

**[9-11] 다음 영영풀이가 뜻하는 단어를 쓰시오.**

9 _____ : a person who is in the military

10 _____ : to give something back

11 _____ : an animal which you keep at home

12 **빈칸에 알맞은 것을 고르시오.**

> A: I have a headache.
> B: If you take this medicine, you'll _____ soon.

① look slim          ② get better          ③ gain weight

④ lose weight        ⑤ be satisfied with

# Unit

## 13

---

## 내용 일치
## 파악 (1)

### ✕ 유형 소개

- 선택지 중 글의 내용과 일치하거나 일치하지 않는 것을 찾는 유형이다.
- 세부적인 정보와 일치하는지를 확인하는 유형이므로, 보통 사실적인 내용의 지문이 제시된다.
- 내용 일치 여부 파악 유형을 해결하기 위해서는 지문에 근거하여 선택지를 지문과 일일이 비교 확인해야 하므로, 지문의 사실에 근거한 세부 정보 비교 파악 능력이 요구된다.

### ✕ 유형 전략

'내용 일치 파악' 유형은 지문의 세부 정보를 꼼꼼하고 정확하게 파악하는 것이 중요하다.

**Step 1** 질문 유형이 내용과 일치하는 것인지 혹은 내용과 일치하지 않는 것인지 파악한다.

**Step 2** 글을 읽기 전에 재빨리 선택지를 먼저 훑어보아 무엇에 관한 글인지 예측해 보고, 선택지 정보를 잘 기억해 둔다.

**Step 3** 글을 읽어나가면서 선택지 내용과 하나씩 일치 여부를 확인하여 오답을 소거해 나간다.

**Step 4** 답으로 고른 선택지를 지문의 정보와 다시 한번 대조하여 확인한다.

## Words & Phrases

active (화산이) 활동 중인, 진행 중인
aspect 측면
balance 균형을 잡다; 균형
be located in ～에 위치하다
be made up of ～으로 구성되다
capital (나라의) 수도
come after ～의 뒤를 잇다
curiosity 호기심
exhibition 전람회, 전시회
feature 특징, 특성
follow 따르다
guess 추측하다, ～라고 생각하다
height 키

language 언어
lift 들어 올리다
main 주된, 주요한
period 시대(= era)
popular 인기 있는; 대중적인; 일반적인
such as ～와 같은
surprisingly 놀랍게도, 의외로
tail 꼬리
times ～배
traveler 여행자
up to (최고) ～까지
volcano 화산
widely 널리, 광범위하게

# Example

**다음 글의 내용과 일치하지 <u>않는</u> 것은?**

We visited a state park yesterday afternoon and saw a couple sitting on the grass. They were holding a goat's strap. I was curious if the goat was their pet. The woman said they found the goat abandoned. The goat was so young that they began to take care of her. They would take her to the park to feed her. Then they showed us their torn sneakers! She had bitten all their shoes and made them look like sandals. But the couple looked very happy just the same!

① 우리는 주립 공원을 방문했다.
② 한 부부가 염소를 끈에 매어 데리고 있었다.
③ 버려진 염소를 부부가 애완동물로 키웠다.
④ 부부는 염소를 산책시키려고 공원에 데리고 왔다.
⑤ 부부는 운동화를 신고 있었다.

## ✕ 문제 해결하기

**Step 1   질문 파악하기**
글의 내용과 일치하지 않는 것을 고르는 유형이므로 선택지 4개는 본문과 일치하며, 1개만 일치하지 않는다는 것을 기억하고 문제를 푼다.

**Step 2   재빨리 선택지 훑어보기**
선택지를 종합해 볼 때, 한 부부의 애완동물 염소에 관한 글임을 알 수 있다. 선택지를 읽고 재빨리 어떤 구체적인 정보를 찾아야 할지 봐 둔다.

**Step 3   지문과 선택지 대조하여 오답 소거하기**
① 글쓴이의 일행은 주립 공원에 갔다. (We visited a state park) (○) ② 부부가 염소의 줄을 잡고 앉아 있었다. (we saw a couple sitting on the grass. They were holding a goat's strap.) (○) ③ 어린 염소가 버려진 것을 발견하여 키우기 시작했다. (The goat was so young that they began to take care of her.) (○) ④ 부부는 염소를 산책시키려고 공원에 데리고 왔다. (They would take her to the park to feed her.) (✕) ⑤ 부부가 그들의 찢어진 운동화를 보여 주었다! (they showed us their torn sneakers!) (○)

hold 잡고 있다  goat 염소  strap 끈, 가죽끈  curious 궁금한, 알고 싶은  find(find-found-found) 발견하다  abandoned 버림받은, 유기된  take care of ~을 돌보다  feed (먹이를) 주다, 공급하다  torn 찢어진  sneakers (고무창) 운동화  bite(bite-bit-bitten) 물다, 베어 물다  look like ~처럼 보이다

People around the world speak different languages. There are about 6,800 languages in the world. Many people guess that the most popular language is English. That's not true. The most widely spoken language is Mandarin Chinese. This language is spoken by about 880 million people in the world. The second most popular language is Spanish, and the third one is English. *Arabic comes after English, and is followed by Hindi. Can you speak any of these languages?

**1** 윗글의 내용과 일치하는 것은?

① 중국의 표준 중국어 사용자는 8천만 명이다.

② 스페인어 다음으로 중국어가 많이 사용된다.

③ 영어 사용자보다 스페인어 사용자가 많다.

④ 영어 다음으로 힌두어가 많이 사용된다.

⑤ 아랍어는 힌두어 다음으로 많이 사용된다.

서술형

**2** 다음 문장을 수동태로 바꾸어 쓸 때 빈칸에 알맞은 말을 쓰시오.

They speak English in Australia.

→ English ＿＿＿＿＿＿＿＿ ＿＿＿＿＿＿＿＿ in Australia by them.

---

**Grammar Points!** 　**수동태**

동작의 대상이 되는 것이 주어로 올 경우 수동태 구문을 사용한다. 『be동사 + 과거분사』의 형태로 나타내고, 행위자는 『by + 목적격』으로 나타낸다.

단순 현재 시제 능동태: Hindi follows Arabic. 힌디어가 아랍어 뒤를 잇는다.

단순 현재 시제 수동태: Arabic is followed by Hindi. 아랍어 뒤를 힌디어가 따른다.

Some of his stories **are written** in Spanish. 그의 이야기 중 몇몇은 스페인어로 쓰여진다.

---

language 언어　in the world 세계에서　guess 추측하다. ~라고 생각하다　popular 인기 있는; 대중적인; 일반적인　widely 널리. 광범위하게　Mandarin Chinese 표준 중국어　million 백만의　Spanish 스페인어(cf. Spain 스페인)　Arabic 아랍어(cf. Arabia 아라비아 Arabian 아랍인; 아라비아의)　come after ~의 뒤를 잇다　follow 따르다　Hindi 힌두어

In the late 1980s, British art entered the period of the art group known as the "Young British Artists (YBAs)." *This London-based small group was born in the 1988 Damien Hirst-curated exhibition *Freeze*. In the exhibition were the works of Damien Hirst, Tracey Emin, and Jake and Dinos Chapman. Most of them were educated in the Department of Art at Goldsmiths, University of London. The features that define the YBAs can be shocking, conceptual, or even traditional. The YBAs often focus on the darker aspects of modern life and still remain a powerful force in the international art world today.

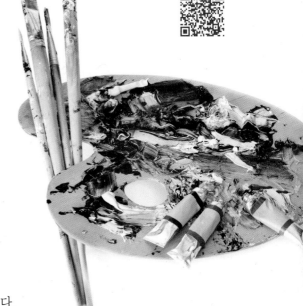

**1** **YBAs에 관한 윗글의 내용과 일치하지 않는 것은?**

① 80년대 후반 런던에서 탄생했다.

② Freeze는 Damien Hirst가 관장한 전시회이다.

③ Freeze 출품 작가들은 모두 골드스미스 런던대학교 출신이다.

④ 작품 스타일로는 현대 사회의 어두운 면에 초점을 맞춘다.

⑤ 오늘날에도 여전히 국제 미술계에서 강력한 영향력을 갖고 있다.

서술형

**2** **다음 질문에 알맞은 답을 쓰시오.**

Write the three characteristics of the YBAs' work in Korean.

→ _____

**Grammar Points!** **과거시제 수동태**

문장의 시제가 과거일 때 과거시제 수동태를 쓰며 형태는 「was+p.p. / were+p.p.」의 형태를 취한다.

Eric **was born** in 1776. Eric은 1776년에 태어났다.

The 2018 Pyongchang Winter Olympics **were held** in Korea. 2018 평창동계올림픽은 한국에서 열렸다.

These pictures **were painted** by Roy. 이 그림들은 Roy에 의해 그려졌다.

**period** 시대(= era)  **known as** ~로서 알려진  **exhibition** 전람회. 전시회  **educate** 교육하다  **feature** 특징. 특성  **define** 정의하다  **shocking** 충격적인  **conceptual** 관념적인  **traditional** 전통적인  **aspect** 측면  **remain** 여전히 ~이다; ~로 남다  **force** 힘

What do you know about Hawaii? Hawaii is the 50th state of the United States. It became a state in 1959. It is made up of volcanic islands. It is a 2,400 km chain of small islands, with eight main islands. The biggest island is "the Big Island (the island of Hawaii)." *There are many active volcanoes, and these volcanoes make Hawaii a popular place for travelers. Its capital is Honolulu on the island of Oahu. If this is not enough information for you, you can click on the links below.

**1 Hawaii에 관한 윗글의 내용과 일치하는 것은?**
① 50년 전에 미국의 50번째 주가 되었다.
② 하와이섬은 작은 섬들 가운데 하나이다.
③ 최대 섬의 길이가 2,400킬로미터에 달한다.
④ 활화산이 많이 있어 관광지로 인기 있다.
⑤ 호놀룰루는 주요 8개 섬 가운데 하나이다.

서술형

**2 다음 문장에 접속사 and를 넣어 완전한 문장이 되도록 다시 쓰시오.**
I have three pets: a cat, a turtle, a snake.

→ _____

**Grammar Points!** 등위접속사

단어와 단어, 혹은 구와 구, 절과 절처럼 문법적으로 대등한 것을 앞뒤로 연결해 주며, and(그리고), but(그러나), or(또는), so(그래서), for(왜냐하면), yet(그러나) 등이 있다. 3개 이상을 나열할 때는 맨 마지막 것 바로 앞에 접속사를 넣는다.

절(주어 + 동사) ─────────  절(주어 + 동사)

There are many active volcanoes, **and** these volcanoes make Hawaii a popular place for travelers.
활화산들이 많이 있고, 이 화산들이 하와이를 여행객들에게 유명하게 만든다.

**state** (미국의 지방 정부) 주  **be made up of** ~으로 구성되다  **volcanic** 화산의(cf. volcanic island 화산섬  **volcanic country** 화산이 많은 나라  **volcanic ashes** 화산재  **volcanic rocks** 화산암  **volcanic activity** 화산 활동)  **island** 섬  **chain** 연속(물), 연쇄  **main** 주된, 주요한  **active** (화산이) 활동 중인, 활발한, 진행 중인  **volcano** 화산  **traveler** 여행자(travel(여행) + -er(사람을 나타내는 어미))  **capital** (나라의) 수도

We went on a field trip to the Computer History Museum last week. It is the world's largest computer history museum, and is located in the center of Silicon Valley, California. We spent the whole day at the museum. *We found out how long the computer history is. Surprisingly, it's 2,000 years old. We also played some of the earliest computer games, such as Pong and Spacewar. In addition, we learned how the Internet and mobile phones started. It was an amazing experience for us.

**1** 윗글의 내용과 일치하지 <u>않는</u> 것은?

① 지난주에 박물관에 견학을 다녀왔다.

② 컴퓨터 역사 박물관은 세계 최대이다.

③ 박물관 역사가 2천 년 되었다.

④ 초창기 컴퓨터 게임을 해 볼 수 있었다.

⑤ 휴대전화가 어떻게 시작되었는지 알게 되었다.

서술형

**2** 다음 문장을 한 문장으로 바꾸어 쓸 때 빈칸에 알맞은 말을 쓰시오.

I don't know that. When does the store close?

→ I don't know _____.

---

**Grammar Points!** 간접의문문

의문문이 문장의 일부인 주어나 보어, 목적어로 쓰일 때 간접의문문 형태로 나타낸다. 간접의문문의 어순은 『의문사 + 주어 + 동사』의 순이다.

주절 ⌒ 명사절(간접의문문으로서 동사구 found out의 목적어)

**We found out how long the computer history is.** 우리는 컴퓨터의 역사가 얼마나 오래 되었는지를 알게 되었다.
주어　동사　　의문사　　　　주어　　　　동사

**Can you tell me what it means?** 그것이 무슨 의미인지 말해 줄 수 있니?

---

**go on a field trip** 견학 여행을 가다　**history museum** 역사 박물관　**be located in** ~에 위치하다　**spend** (시간을) 보내다; (돈을) 쓰다　**the whole day** 하루 종일　**find out** ~을 알게 되다　**surprisingly** 놀랍게도, 의외로　**such as** ~와 같은　**in addition** 게다가, 또한　**mobile phone** 휴대전화　**amazing** 놀라운(cf. amazed 놀란, 경탄한)　**experience** 경험

Did you know these amazing facts about animals? Which do you think can run faster, ostriches or horses? Surprisingly, ostriches can run faster than horses. And there's a mammal that can fly. It's the bat. In fact, bats are the only mammals that can fly. How do kangaroos balance? If you lift a kangaroo's tail off the ground, it can't hop. That is, they use their tails for balance. Can you imagine a woman jumping over the Eiffel Tower in Paris? *Actually, it's impossible for humans to jump 200 times their height. However, fleas can jump up to 200 times their height. Do you want to know more about these amazing animals? Then, join the "Curiosity for Animals" club right now!

**1** 윗글의 내용과 일치하지 <u>않는</u> 것은?

① Horses run slower than ostriches.

② Bats are mammals, not birds.

③ Kangaroos balance on their tails.

④ Humans cannot jump 200 times their height.

⑤ Fleas can jump over the Eiffel Tower in Paris.

서술형

**2** 다음 빈칸에 알맞은 말을 쓰시오.

It's possible _____ me _____ work on Sundays.

**Grammar Points!**　　**가주어와 진주어**

가주어, 진주어 구문은 to부정사(구)가 주어일 때 주어가 너무 길면 뒤로 보내고 주어 자리에 가주어 it을 쓴다. 가주어 it은 해석하지 않는다. to부정사(구)의 행위를 누가 하는지 밝히고 싶을 때 to부정사(구) 앞에 『for + 목적격』으로 의미상의 주어를 쓴다.

Actually, **it's impossible** <u>for humans</u> **to jump** 200 times their height.
　　　　　　가주어　　　　　의미상의 주어　　　　　진주어

fact 사실　ostrich 타조　mammal 포유류　bat 박쥐　in fact(= actually) 사실은　balance 균형을 잡다; 균형　lift 들어 올리다　tail 꼬리　ground 땅
hop (깡충) 뛰다　that is(= in other words) 즉, 다시 말하면　imagine 상상하다　the Eiffel Tower 에펠탑　actually 실제로, 정말로　impossible 불가능한(↔ possible)　times ∼배　height 키　flea 벼룩　up to (최고) ∼까지

# Word Check ✕ ✕ ✕

**[1-3] 다음 괄호 안에서 알맞은 말을 고르시오.**

1   I should take (care / case) of my little sister.

2   China is 26 (time / times) bigger than Japan.

3   That was an (amazed / amazing) musical. We were very (amazed / amazing).

**[4-6] 다음 빈칸에 들어갈 말을 〈보기〉에서 골라 쓰시오.**

〈보기〉 balance        curiosity        spend

4   People looked at the baby liger with _____.

5   I decided to _____ my holiday in New Zealand.

6   The tightrope walker can _____ on a wire in the air.

**[7-10] 다음 짝지어진 단어의 관계가 같도록 빈칸에 알맞은 말을 쓰시오.**

7   correct : incorrect = possible : _____

8   one : first = three : _____

9   China : Chinese = Spain : _____

10  interesting : interestingly = surprising : _____

**[11-14] 다음 영영풀이가 뜻하는 단어를 쓰시오.**

11  _____ : to give food to

12  _____ : a building in which interesting and valuable things

13  _____ : a piece of land completely surrounded by water

14  _____ : to form pictures or ideas in your mind; to think or believe

# Unit
## 14

---

## 내용 일치 파악 (2)

✕ 유형 소개

- 선택지 중 글의 내용과 일치하지 않는 것을 찾는 유형이다.
- 글의 세부적인 내용을 올바르게 이해하고 있는지 평가하는 문제이다.
- 대체로 일치하는 것보다는 일치하지 않는 것을 고르는 문제의 출제 빈도가 훨씬 높다.

## ✕ 유형 전략

'내용 일치 파악' 유형은 지문의 세부 정보를 꼼꼼하고 정확하게 파악하는 것이 관건이다.

**Step 1** 먼저 선택지를 훑어보면서 무엇에 관한 글인지 예측해 보고, 선택지 정보를 잘 기억해 둔다.

**Step 2** 내용 일치 유형의 글에서는 선택지와 글의 내용 흐름 순서가 같다. 따라서, 선택지를 하나씩 지문의 내용과 맞춰 나가면서 오답을 하나씩 제거하는 방식으로 풀어 나간다.

**Step 3** 일치하지 않는 것으로 확인된 선택지를 지문의 해당 부분과 다시 한번 대조하여 답을 확인한다.

## Words & Phrases

adventure 모험
alone 혼자서
be connected to ~에 연결되어 있다
be in charge ~을 맡고 있다[책임지다]
brush one's teeth 이를 닦다
control 지배하다, 통제하다
drop out 떠나가다, 낙오하다
enormous 거대한
front 앞쪽의
have fun 재미있게 보내다
huge 거대한
information 정보

international 국제적인, 널리 알려져 있는
invent 발명하다
living thing 생물
mattress 매트리스
person 사람
record 기록하다
right away 바로, 당장
sensor 센서, 감지장치
stick with ~을 계속하다
toothbrush 칫솔
understand 이해하다
whale 고래

# Example

**Eukonkanto에 관한 다음 글의 내용과 일치하지 <u>않는</u> 것은?**

Every year, Finland holds wife-carrying races. They are called *Eukonkanto*. A man must carry his wife on his back, upside down. She puts her legs around his neck and wraps her arms around his waist. The woman must be 17 years old or older and weigh at least 49 kilos. The track is 253.5 meters long. It is made of sand, grass, and asphalt. The couple who finishes the race in the quickest time wins. The present world record is 55.5 seconds.

① 매년 열린다.
② 여성은 17세 이상이어야 한다.
③ 체중이 50킬로인 여성은 참가할 수 없다.
④ 트랙 길이는 253.5미터이다.
⑤ 현재 세계 기록은 55.5초이다.

## ✕ 문제 해결하기

**Step 1** **미리 선택지 훑어보기**
행사가 열리는 주기, 참가자의 자격 요건(제한 연령, 체중), 경주할 트랙의 길이, 세계 기록에 대한 정보가 선택지에 나와 있으므로 지문을 읽어 내려가면서 이 정보들을 찾을 준비를 한다.

**Step 2** **선택지 일치 여부를 하나씩 지문에서 확인하기**
① 매년 열린다. → <u>Every year</u>, Finland holds wife-carrying races. (○) ② 여자는 17세 이상이어야 한다. → <u>The woman</u> must be <u>17 years old or older</u>. (○) ③ 체중 50킬로인 여자는 참가할 수 없다. → The woman must ~ weigh at least 49 kilos. / 최소 체중이 49킬로이므로 50킬로인 여성은 참가할 수 있다. (✕) ④ 트랙 길이는 253.5미터이다. → <u>The track is 253.5 meters long</u>. (○) ⑤ 현재 세계 기록은 55.5초이다. → <u>The present world record is 55.5 seconds</u>. (○)

**Step 3** **일치하지 않는 것으로 고른 답 점검하기**
정답 ③을 해당 문장인 The woman must be 17 years old or older and weigh at least 49 kilos. 와 다시 한번 대조 확인하면, 참가하는 여성의 최소 체중이 49킬로이므로 '체중이 50킬로인 여성은 참가할 수 없다.'는 말은 일치하지 않는다.

---

every year 매년   hold 개최하다   back 등, 허리   upside down 거꾸로   leg 다리   around ~의 주위에   neck 목   wrap 두르다, 감싸다   arm 팔
waist 허리   weigh 무게가 나가다   at least 적어도, 최소한   be made of ~으로 만들어지다   sand 모래   grass 잔디, 풀   quick 빠른   record 기록
second (시간의) 초

People who dance enjoy Latin music because the beat is strong. Dancers can move their whole bodies. They can dance alone or with someone else. *Other people say that they only enjoy ⓐ <u>listen</u> to Latin music. Usually the words are in Spanish or Portuguese, but sometimes they are in English or another language. Many Latin songs have beautiful words, but if a person does not understand them, it is not important. A person can still enjoy the music, because the sound is international.

**1** Latin music에 관한 윗글의 내용과 일치하지 <u>않는</u> 것은?
① 비트가 강하다.
② 댄서들은 온몸을 흔들며 춤을 춘다.
③ 음악만 즐기는 사람도 있다.
④ 가사가 특정한 언어로만 되어 있는 것은 아니다.
⑤ 특히 가사가 아름다워 이해를 하는 것이 중요하다.

서술형
**2** 밑줄 친 ⓐ <u>listen</u>을 어법에 맞게 바르게 고쳐 쓰시오.

_____

**Grammar Points!**    **주절과 종속절의 시제**

주절과 종속절의 동사 시제는 일치시켜야 한다. 주절이 현재 또는 미래라면 종속절에는 '어떤 시제'가 와도 상관없으므로 주절이 과거인 경우만 주의하면 된다. 즉, 주절이 과거이면 종속절도 과거나 과거완료가 되어야 한다.
**People say / that Mr. Right was rich.** 사람들은 Mr. Right가 부자였다고 말을 한다.
   주절              종속절
**I know** that she **lives** in London. 나는 그녀가 런던에 산다는 것을 안다.
**I know** that she **will live** in London. 나는 그녀가 런던에 살 것이라는 것을 안다.
**I thought** that the weather **was[had been]** nice. 나는 날씨가 좋았다고[좋았었다고] 생각했다.

**dance** 춤을 추다   **whole** 전체의   **alone** 혼자서   **usually** 보통   **words** 가사(= lyrics)   **sometimes** 때때로(= at times)   **person** 사람   **understand** 이해하다   **international** 국제적인, 널리 알려져 있는

Monopoly is the name of a popular board game in the United States. A "monopoly" is when one person controls all the land, money, or other things. *An American named Elizabeth Phillips invented the game in 1903. She wanted a way to teach that monopolies were bad. In 1933 Parker Brothers created the modern game of Monopoly. Many people don't enjoy playing Monopoly. When they lose, the other player slowly takes all their money and their houses. Then they agree that monopolies are bad.

**1** Monopoly에 관한 윗글의 내용과 일치하지 <u>않는</u> 것은?

① 보드 게임의 이름이다.

② 1903년에 Elizabeth Phillips가 발명했다.

③ 1933년에 Parker Brothers가 지금의 모노폴리 게임을 만들었다.

④ 많은 사람들이 모노폴리 하는 것을 즐기지 않는다.

⑤ 모노폴리에서 이긴 사람들이 독점이 나쁘다는 데 동의한다.

서술형

**2** 다음 질문에 알맞은 답을 윗글을 참조하여 빈칸에 쓰시오.

Why did Elizabeth Phillips invent the game "Monopoly"?

→ She _____.

---

**Grammar Points!** 분사구의 수식

길이가 긴 현재분사구(-ing) 또는 과거분사구(-ed)가 형용사처럼 명사(구)를 꾸며줄 때, 명사 뒤에서 꾸며준다. 이때 명사와 분사 사이에는 『관계대명사 + be동사』가 생략되어 있을 수 있다.

An American (who was) named Elizabeth Phillips invented the game in 1903.
　　　명사구　　　　　　　　　　　과거분사구

Elizabeth Phillips라는 이름의 한 미국인이 1903년에 이 게임을 발명했다.

I met a boy (who was) called Lewis. 나는 Lewis라고 불리는 소년을 만났다.

---

Monopoly 모노폴리((돈 모양의 종이를 주고받으며 땅과 집을 사고파는 보드 게임)) board game 보드 게임 monopoly 독점, 전매 control 지배하다, 통제하다 land 땅 other 다른 invent 발명하다 way 방법 create 만들다 modern 현대의 enjoy 즐기다 lose 지다, 잃다 the other player 상대 선수 slowly 천천히 agree 동의하다

*Humans have the smartest brains of any living thing. Of course, whales have larger brains because they are so big. But for their body size, humans have huge ones. Human brains are three times bigger than the brains of chimpanzees. The front part of our brain is enormous, and it makes us very smart. We plan and do creative thinking with this part of our brain. I hope you used your brain and learned something new.

**1** 윗글의 내용과 일치하지 <u>않는</u> 것은?

① 인간은 가장 똑똑한 두뇌를 가지고 있다.

② 인간 두뇌와 고래 두뇌는 신체 크기에 비례한다.

③ 인간의 뇌는 침팬지의 뇌보다 3배 더 크다.

④ 뇌의 앞부분이 우리를 매우 똑똑하게 만들어준다.

⑤ 뇌의 앞부분으로 계획하고 창의적인 생각을 한다.

서술형

**2** 우리말과 일치하도록 빈칸에 알맞은 말을 쓰시오.

내가 우리 반에서 키가 제일 큰 소녀이다.

→ I am _____ _____ _____ in my class.

---

**Grammar Points!** 최상급 구문

3개 이상을 비교하여 '그 중에서 가장 ~한[하게]'이라는 의미를 나타낼 때 사용한다. 「the 형용사/부사의 최상급 (+ 명사) + in 장소 또는 범위를 나타내는 명사」나 「the 형용사/부사의 최상급 (+ 명사) + of 비교 대상이 되는 명사」로 나타낸다.

Humans have **the smartest brains of** any living thing. 인간은 살아있는 생물 중 가장 똑똑한 두뇌를 가지고 있다.

He is known as **the fastest student of** all. 그는 모든 학생들 중 가장 빠른 학생으로 알려져 있다.

Bolivia is **the highest country in** Latin America. 볼리비아는 남미에서 가장 높은 곳에 위치한 나라이다.

---

human 인간  smart 똑똑한  brain 두뇌, 뇌  living thing 생물  of course 물론  whale 고래  huge 거대한  chimpanzee 침팬지  front 앞쪽의  part 부분  enormous 거대한  plan 계획하다  creative 창의적인  thinking 생각  hope 바라다  use 사용하다

Many things are now connected to the Internet. People call <u>this</u> "the Internet of everything." Some new stoves look up recipes on the Internet, and tell you how to cook. Some fridges say when you need more milk. Some new bed mattresses have sensors to record the way you sleep. And toothbrushes record how you brush your teeth. Then they tell you how to do a better job. Or they share the information with others. *Soon almost everything will be connected to the Internet.

**1** 윗글의 내용과 일치하지 <u>않는</u> 것은?

① 인터넷으로 많은 것들이 연결된 것을 '만물 인터넷'이라고 한다.

② 어떤 냉장고는 우유가 더 필요한 때를 알려 준다.

③ 어떤 침대 매트리스는 센서로 잠자는 스타일을 기록한다.

④ 어떤 칫솔은 치아 상태를 점검해 준다.

⑤ 어떤 신형 가전제품은 인터넷을 통해 서로 정보를 공유한다.

서술형

**2** 윗글의 밑줄 친 <u>this</u>가 가리키는 것을 본문에서 찾아 쓰시오.

→ _____

**Grammar Points!** **미래 시제 수동태**

수동태 구문을 미래 시제로 나타낼 때는 미래 시제 조동사 will 다음에 수동태를 쓰는데 will은 조동사이므로 항상 「will be + 과거분사」의 형태로 나타낸다. will 대신 be going to를 쓸 수 있다.

Soon almost everything **will be connected** to the Internet. 곧 거의 모든 것이 인터넷으로 연결될 것이다.

The festival **will be held** next month. 축제는 다음 달에 개최될 것이다.

= The festival **is going to be held** next month.

A lot of fruit **will be sold** at the market. 많은 과일들이 그 시장에서 팔릴 것이다.

be connected to ~에 연결되어 있다   the Internet of everything 만물 인터넷   stove 가스레인지   look up ~을 찾아보다   recipe 레시피, 조리법   how to cook 요리하는 법   fridge 냉장고(= refrigerator)   mattress 매트리스   sensor 센서, 감지장치(sense(감각) + or(명사형 어미))   toothbrush 칫솔(tooth(치아) + brush(솔))   brush one's teeth 이를 닦다   share 공유하다   information 정보

Hi, Lori,

Hey, how would you like to be in the school's Drama Club? I joined last month and I'm having so much fun! There are 14 of us so far. We practice for three hours every Tuesday and Thursday after school. Mr. Sanders is in charge. *Well, yesterday he told us that we'll be doing the play, "The Adventures of Peggy McGuire." I got the lead role right away — Peggy! In the play, Peggy's best friend is a very funny girl named Molly. She's just like you! I really think you should join the club and try for Molly's role. You'd be very good at it! The only thing is, if you join, you have to stick with it. You should not drop out. Anyway, think about it and let me know tomorrow, okay?

Beth

**1** 윗글의 내용과 일치하지 <u>않는</u> 것은?

① Beth가 Lori에게 연극반 가입을 권하고 있다.

② Beth는 연극반에 가입한 지 한 달 되었다.

③ 연극반은 일주일 2번 연습한다.

④ 새로 할 연극에서 Peggy가 주인공을 맡았다.

⑤ Molly는 연극에서 주인공의 친구이다.

서술형

**2** 윗글의 내용과 일치하도록 빈칸에 알맞은 말을 쓰시오.

The _____ club members get together _____ a week to practice.

---

**Grammar Points!**   직접목적어로 쓰이는 명사절

『주어 + 동사』의 절이 직접목적어로 오는 경우 접속사 that을 쓰고, 의문문이 직접목적어로 오면, 의문사 if/whether 등을 이용한다.

**He told us that we'll be doing the play, "The Adventures of Peggy McGuire."**
그는 우리에게 연극 "Peggy McGuire의 모험"을 할 거라고 말씀하셨다.

**Let me show you how I can use this camera.** 내가 네게 이 카메라 사용법을 보여 줄게.

**He asked me if I could come to the party.** 그는 내게 파티에 올 수 있는지 물었다.

---

join 가입하다   have fun 재미있게 보내다   so far 지금까지   practice 연습하다   after school 방과 후에   be in charge ~을 맡고 있다[책임지다]
play 연극   adventure 모험   lead role 주인공   right away 바로, 당장   try 시도해 보다   be good at ~을 잘하다   stick with ~을 계속하다   drop out 떠나가다, 낙오하다

# Word Check ✕ ✕ ✕

[1-3] **다음 괄호 안에서 알맞은 말을 고르시오.**

1   The bridge is (had / made) of wood.

2   I lost my key. I should (look for / stick with) it.

3   Ms. Anderson is in (job / charge) of the reading club.

[4-5] **다음 짝지어진 단어의 관계가 같도록 빈칸에 말을 알맞은 쓰시오.**

4   agree : disagree = win : _____

5   Earth : planet = whale : _____

6   **빈칸에 공통으로 들어갈 수 없는 것을 고르시오.**

| every _____ | time, morning, evening, night, |
| last _____ | week, weekend, yesterday, month, year |

[7-9] **다음 영영풀이가 뜻하는 단어를 쓰시오.**

7   _____ : clever or intelligent

8   _____ : directions that tell you how to cook something

9   _____ : to make or design something for the first time

[10-12] **짝지어진 두 문장의 빈칸에 공통으로 알맞은 말을 쓰시오.**

10
The first man is a doctor. The _____ man is a teacher.
One minute has sixty _____s.

11
My parents _____ me "Apple."
I'll _____ you tomorrow.

12
Suji will get the lead role in the _____.
We're going to _____ baseball this afternoon.

# Unit
## 15

## 도표 및
## 실용문의
## 이해

### ✕ 유형 소개

- 안내문이나 광고문 등의 실용문 또는 도표 등의 정보에 대한 일치 여부를 묻는 문제 유형이다.
- 내용 일치 유형의 변형된 문제 유형으로, 실용문 또는 도표의 세부적인 정보를 올바르게 이해하고 있는지 평가하는 문제이다.
- 선택지를 지문과 비교 확인해야 하므로, 사실에 근거한 세부 정보 파악 능력이 요구된다.

### ✕ 유형 전략

실용문이나 도표의 세부 내용을 꼼꼼하고 정확하게 파악하는 것이 관건이다.

**Step 1** 자료의 유형을 파악하고, 도표의 경우 제목을 통해 무엇에 관한 것인지 재빨리 파악한다.

**Step 2** 실용문의 경우 선택지를 미리 훑어보고, 도표의 경우 도표에 나타난 증감 또는 변화 등 특징적인 것을 재빨리 파악한다.

**Step 3** 실용문은 정보를 간략하게 전달하려 하며, 도표는 시각적 자료로 전달하고자 한다. 따라서 선택지를 하나씩 구체적인 정보와 맞추어 나가면서 확인한다.

## Words & Phrases

adult 성인
among ~ 가운데에
board 탑승하다
bookstore 서점
break 휴식
compared to ~와 비교하여
depart 출발하다, 떠나다
equal 동등한; 똑같은
excellent 우수한
experiment 실험
explore 탐험하다; 조사하다
following 다음의

head 향하다
increase 증가하다
kid 아이
on time 정각에
percentage 비율, 퍼센트
prefer 선호하다
rate 비율
related 혈족[가족, 친척] 관계에 있는
schedule 일정, 스케줄
sugary 달콤한
taste 취향
whenever ~할 때마다

# Example

**다음 Cappadocia에 관한 광고 내용과 일치하지 <u>않는</u> 것은?**

정답 및 해설 p.23

Cappadocia is a very beautiful area in Turkey. It is full of valleys, vineyards, and tall stone towers called "fairy chimneys." You can view these best from the air in our hot air balloon tours.

**When:** Our balloons lift off every morning at sunrise.

**Where:** They float down the beautiful valleys between the fairy chimneys.

**How long:** Each tour lasts one hour.

**Cost:** Only 150 Euros per person. Children under six fly for free.

Come and experience an adventure you will never, ever forget!

① Cappadocia는 터키에 있다.
② 열기구를 타고 Cappadocia의 계곡을 볼 수 있다.
③ 열기구는 매일 아침 출발한다.
④ 열기구 탑승 시간은 1시간이다.
⑤ 7세 아동은 성인 요금의 반값이다.

## ✕ 문제 해결하기

**Step 1  자료 유형 파악하기**
Cappadocia의 광고이므로 관광지 또는 관광 상품에 대한 광고이다.

**Step 2  미리 선택지 훑어보기**
Cappadocia에서 열기구를 타고 할 수 있는 활동, 탑승 시간, 요금 등에 대해 선택지에서 언급되고 있으므로 관광 상품의 광고임을 알 수 있고, 어떤 세부 정보를 찾을지 준비한다.

**Step 3  선택지 일치 여부를 하나씩 실용문에서 확인하기**
① Cappadocia는 터키에 있다. → Cappadocia is a very beautiful area in Turkey. (○) ② 열기구를 타고 Cappadocia의 계곡을 볼 수 있다. → It is full of valleys, ~ You can view these best from the air in our hot air balloon tours. (○) ③ 열기구는 매일 아침 출발한다. → Our balloons lift off every morning at sunrise. (○) ④ 열기구 탑승 시간은 1시간이다. → Each tour lasts one hour. (○) ⑤ 7세 아동은 성인 요금의 반값이다. → Only 150 Euros per person. Children under six fly for free. (✕) 6세 이하가 무료 탑승이라고 했으므로, 7세 이상부터 150유로를 동일하게 내야 한다는 것을 알 수 있다. 따라서 ⑤가 정답이다.

---

**area** 지역  **valley** 계곡  **vineyard** 포도원(vine(포도나무) + yard(마당))  **stone** 돌  **fairy** 요정  **chimney** 굴뚝  **view** 보다  **hot air balloon** 열기구
**tour** 관광  **lift off** 이륙하다  **at sunrise** 해가 뜰 때  **float down** 떠려가다  **between** ~ 사이에  **Euro** 유로((유럽 연합의 화폐))  **per person** 1인당
**for free** 무료로, 공짜로  **experience** 경험하다  **adventure** 모험  **forget** 잊어버리다

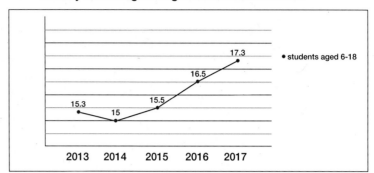

**Obesity rate rising among South Korean students**

**1** 위 도표의 내용과 일치하지 <u>않는</u> 것은?

The obesity rate among South Korea's elementary and middle school students has been increasing, according to government data. ① *The percentage of overweight people aged 6 to 18 was highest, in 2017 at 17.3%. ② This was up 0.8 percentage points from a year earlier. ③ The increasing rate of 2015-2016 was a little higher than that of 2016-2017. ④ The percentage of obese students aged 6-18 steadily rose from 2013 to 2017. ⑤ The proportion of obesity in 2013 is lower than <u>that</u> in 2017 by 2.0 percentage points.

서술형

**2** 윗글의 밑줄 친 <u>that</u>이 가리키는 것을 본문에서 찾아 쓰시오.

_____

**Grammar Points!** 부분명사 + of + 명사[주어] + 동사에서의 수 일치

부분(all, most, half, several, some, the rest, the majority, percent, 분수 등)을 나타내는 말의 경우 『of + 명사』의 형태를 갖는데 명사의 수에 따라 동사의 수가 결정된다.

| all, most, half, several, some, the rest, the majority, percent, 분수 | + of + | 단수명사 | 단수동사 |
|---|---|---|---|
| | | 복수명사 | 복수동사 |

e.g. **Most of her spare time is** spent reading. (*her spare time이 단수이므로 is로 받음.)
그녀의 대부분의 여가시간은 독서하는 데 쓰여진다.
**Two-thirds of these books are** mine. (*these books가 복수이므로 복수동사로 받음.)
이 책들 중 2/3는 내 것이다.

**obesity** 비만  **rate** 비율  **among** ~가운데에  **increase** 증가하다  **according to** ~에 따르면  **government** 정부  **percentage** 비율, 퍼센트  **overweight** 과체중의, 비만의  **steadily** 꾸준히  **proportion** 비율

Our field trip to the Maritime Museum is on Thursday, June 15.
Please read the following schedule, and be on time:

7:45 a.m.    Arrive at the school

8:00 a.m.    Board the buses

8:45 a.m.    Arrive at the Maritime Museum

9:00 a.m.    Explore the Maritime Museum

12:00 p.m.   Meet at the picnic area for lunch

12:45 p.m.   Head back to the buses

1:00 p.m.    The buses depart

1:45 p.m.    Arrive back at the school

*Please let us know before June 1 whether you will be coming.

**1** 위 일정표의 Maritime Museum 견학에 관한 내용과 일치하지 <u>않는</u> 것은?

① 목요일에 해양 박물관 견학을 간다.

② 학교에서 박물관까지 소요 시간은 45분이다.

③ 오전 9시부터 박물관 관람이 시작된다.

④ 점심시간은 45분이다.

⑤ 견학 여행 10일 전까지 참석 여부를 알려야 한다.

서술형

**2** 다음 질문에 알맞은 답을 위 일정표를 참조하여 빈칸에 쓰시오.

How long does it take from the school to the museum?

→ It _____ _____ _____ by bus.

**Grammar Points!**    의문사 없는 간접의문문

의문사 없는 일반의문문이 명사절로 쓰일 때는 접속사로 whether 또는 if를 사용한다. 간접의문문의 어순은
『whether/if + 주어 + 동사』의 평서문 어순과 같다.

**Please let us know before June 1 whether you will be coming.** 올 건지 여부를 6월 1일 전에 알려 주세요.

**I'd like to know if you can come to my book club.** 네가 내 책 동호회에 올지 여부를 알고 싶어.

field trip 견학 여행   Maritime Museum 해양 박물관   following 다음의   schedule 일정, 스케줄   on time 정각에   arrive 도착하다   board 탑승하다
explore 탐험하다; 조사하다   meet 만나다   picnic 소풍, 야유회   area 지구, 지역   head 향하다   depart 출발하다, 떠나다   before ~ 전에   whether
~인지 아닌지

# COME TO THE IMAGINE SCIENCE CENTER
## Great for kids, teens, and adults!

- We're open every day from 9:00 a.m. to 6:00 p.m.
- *There's a free audio tour in ten languages.
- Try science experiments.
- Learn about plant life.
- There are over 10,000 books in the bookstore.
- *There's an excellent cafe in the museum.

**1** Imagine Science Center에 관한 안내문의 내용과 일치하지 <u>않는</u> 것은?

① 일 년 내내 문을 연다.

② 오후 6시에 업무를 종료한다.

③ 과학 실험을 할 수 있다.

④ 식물에 관한 것도 배울 수 있다.

⑤ 도서관에는 만 권의 책이 있다.

서술형

**2** 다음 질문에 따라 알맞은 답을 쓰시오.

Q: In how many languages can the free audio tour be used?

→ _____

| **Grammar Points!** | 부사 + 동사 + 주어 |

유도부사 there/here로 시작하는 구문의 경우 be동사 다음에 오는 명사가 주어이므로 그 명사의 수에 따라 동사가 결정된다.
**There is an excellent cafe** in the museum. 박물관 안에 훌륭한 카페가 하나 있다.
**Here comes the bus.** 버스가 이리로 온다.
**There live many animals.** 많은 동물들이 산다.(*many animals가 복수 주어이므로 lives라고 쓰지 않도록 주의!)

science 과학  kid 아이  adult 성인  try 시도하다  experiment 실험  plant 식물  over ~ 이상(= more than)  bookstore 서점  excellent 우수한
museum 박물관

Become a "Friend of the Louvre." Get a card today and become a member!

**Members Can:**

• *Visit the Louvre as often as they want.

• Visit whenever they want.

• Pay less for guided tours and special events.

**Youth Cards:**

• Ages 18 ~ 25 pay only 15 Euros a year to be a member.

• Ages 26 ~ 29 pay 35 Euros a year to be a member.

**Family Cards:**

• A family of two adults and three children pays 80 Euros a year.

• They don't even have to be related.

---

**1** 윗글의 내용과 일치하지 않는 것은?

① 모든 행사에 대해 항상 할인받는다.

② 24세는 회비로 1년에 15유로를 낸다.

③ 25세와 26세의 회비가 다르게 적용된다.

④ 가족 카드 연회비는 80유로이다.

⑤ 가족 카드 대상자는 꼭 혈연 관계가 아니어도 된다.

---

서술형

**2** 우리말과 일치하도록 빈칸에 알맞은 말을 쓰시오.

그녀는 그녀가 바쁘다고 말하는 만큼 바쁘다.

→ She is _____ _____ _____ she says she is.

---

**Grammar Points!** 원급 비교

둘 사이를 형용사나 부사의 원급을 이용해서 비교하는 것을 원급 비교라고 하며, 『as + 형용사/부사의 원급 + as』의 형태로 나타내며, '~만큼 …한/하게'라는 의미를 나타낸다.

Visit the Louvre **as often as** they want. 원하는 만큼 자주 루브르를 방문하세요.

John is **as tall as** Peter. John은 Peter만큼 키가 크다.

---

the Louvre 루브르 박물관  member 회원  as often as ~만큼 자주  whenever ~할 때마다  pay 지불하다  guided tour 가이드가 딸린 여행[관람, 관광, 견학]  special 특별한  event 행사  youth 청소년, 젊은이  age 연령, 나이  only 고작, 겨우  a year 1년당  adult 성인  don't have to ~할 필요가 없다  related 혈족[가족, 친척] 관계에 있는

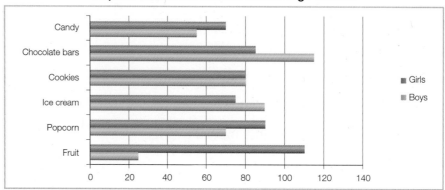

**Popular Snacks at Central Junior High School**

- Girls
- Boys

**1** 위 도표의 내용과 일치하지 <u>않는</u> 것은?

The graph above shows the most popular snacks at Central Junior High School. ① <u>A higher number of girls chose candy as their favorite snack.</u> About 79 girls preferred these sugary sweets compared to only 52 boys. ② <u>Also, fewer girls ate popcorn during their break, than boys.</u> Ninety girls picked popcorn, while a lower percentage of boys picked it — only 70 of them, in fact. ③ <u>But chocolate bars were a more popular choice for boys.</u> Girls ate less ice cream than boys. And get this: girls were the biggest winners for picking the healthiest snack. ④ <u>*Many more female students chose a piece of fruit than male students did.</u> ⑤ <u>But boys' and girls' tastes were equal on cookies: exactly 80 from each group chose cookies as their favorite snack.</u>

서술형

**2** 다음 문장에서 밑줄 친 대동사 <u>does</u>가 나타내는 것을 영어로 쓰시오.
John has more apples than Lisa <u>does</u>.
→ _____

**Grammar Points!** 대동사

한 문장 안에서 같은 표현이 반복될 때, 특히, 동사가 반복될 때 이를 대신해서 쓰는 동사를 대동사라고 한다. do[does/did]동사가 대동사의 역할을 한다.

**Many more female students chose a piece of fruit than male students did.**
남학생보다 훨씬 더 많은 여학생들이 과일을 선택했다.　　　　　　　　반복되는 chose a piece of fruit을 대신해서 쓴 말.

**My brother likes pears, and I do, too.** 내 형은 배를 좋아하는데, 나도 그렇다.
　　　　　　　　반복되는 like pears를 대신하는 말.

Junior High School (미국에서) 중학교　favorite 가장 좋아하는　prefer 선호하다　sugary 달콤한　sweet 사탕　compared to ~와 비교하여　during ~동안에　break 휴식　pick 고르다　while ~인 반면에　in fact 사실은, 실은　choice 선택　winner 승자　healthy 건강에 좋은　female student 여학생　a piece of 한 조각의　fruit 과일　male student 남학생　taste 취향　equal 동등한; 똑같은

# Word Check ✕ ✕ ✕

**[1-3] 다음 괄호 안에서 알맞은 말을 고르시오.**

1  The astronauts will (explore / increase) the moon's surface.

2  To become a (remember / member), you must pay the membership fee.

3  An inch is (same / equal) to 2.54 centimeters.

**[4-5] 다음 짝지어진 단어의 관계가 같도록 빈칸에 알맞은 말을 쓰시오.**

4  boy : girl = male : ＿＿＿＿＿＿＿

5  advise : advice = choose : ＿＿＿＿＿＿＿

**[6-8] 다음 영영풀이가 뜻하는 단어를 쓰시오.**

6  ＿＿＿＿＿＿＿ : to go in a certain direction

7  ＿＿＿＿＿＿＿ : young people in general

8  ＿＿＿＿＿＿＿ : a fully grown person

9  **짝지어진 두 문장의 빈칸에 공통으로 알맞은 말을 쓰시오.**

> We don't have ＿＿＿＿＿＿＿ go to school tomorrow.
> Compared ＿＿＿＿＿＿＿ Seoul, Jejudo has much less population and cleaner air.

**[10-11] 밑줄 친 부분의 의미로 알맞은 것을 고르시오.**

10
> We should <u>board</u> the ship at least ten minutes before departure.

① get up　　② get off　　③ get on
④ have no idea　　⑤ take a shower

11
> Many schools provide meals <u>for free</u>.

① freely　　② totally　　③ exactly
④ in fact　　⑤ free of charge

# Unit 16

## 문맥에 맞는 어휘, 문법성 판단

※ 유형 소개 – 문맥에 맞는 어휘

네모 안에 2개씩 짝지어 놓은 세 쌍의 어휘 중 문맥에 적절한 어휘를 고르거나, 5개의 어휘 중 글의 흐름에 어울리지 않는 것을 고르는 문제 유형이다. 기본적인 어휘 능력을 통해 글의 문맥을 파악할 수 있는지 평가하는 문제이다.

※ 유형 전략

**Step 1** 선택지로 제시된 어휘들을 재빨리 훑어보고 뜻을 파악한다.

**Step 2** 글을 읽어 내려가면서 앞뒤 논리 관계, 인과 관계 등을 생각하여 어휘의 적절성을 판단한다.

**Step 3** 문맥에 비추어 선택한 답을 점검한다.

※ 유형 소개– 문법성 판단

5개의 표현 중에서 문법적으로 틀린 것을 고르는 유형으로 문장의 구조를 파악할 수 있어야 한다.

※ 유형 전략

**Step 1** 5개의 선택지로 표시된 문장을 우선적으로 살펴보면서 구조를 파악한다.

**Step 2** 글의 내용을 이해하면서 문장의 구조가 적절한지 판단해 본다.

**Step 3** 문제로 제시된 부분이 문장의 구조 안에서 어떤 역할을 하는지 확인한다.

## Words & Phrases

allow 허락하다, 허용하다
ban 금하다
be covered with ~으로 덮여 있다
benefit 이익, 혜택
business 기업, 상점
contain 함유하다
control 지배하다, 통제하다
democratic 민주적인
die of ~로 죽다
do one's best 최선을 다하다
emergency 비상, 응급, 위기
fat 지방
fiber 섬유질
freezing 얼어붙은; 몹시 추운
heart 심장

ice storm 착빙을 일으키는 폭풍우
keep A from B A가 B하는 것을 못하게 하다
nationwide 전국적으로
overnight 밤새, 간밤에
policy 정책
post 게시하다, 올리다
scenery 경치
sleigh 썰매
storm 폭풍
technology 기술
tourist 관광객
western 서쪽의, 서부의
wonder 궁금하다; ~일까 하고 생각하다
worried 걱정스러운

# Example

The Ministry of Education decided to (A) ban / allow sales of high-caffeine energy drinks from all schools nationwide to improve students' health. This decision even (B) includes / excludes coffee vending machines which were previously installed for teachers. Students in Korean schools can no longer use coffee as an energy boost. Some parents (C) welcome / oppose the decision and think this new policy will be effective, but others doubt if the ban will be successful because students can easily get these drinks outside of school.

| | (A) | | (B) | | (C) |
|---|---|---|---|---|---|
| ① | ban | …… | includes | …… | welcome |
| ② | ban | …… | excludes | …… | oppose |
| ③ | ban | …… | includes | …… | oppose |
| ④ | allow | …… | excludes | …… | oppose |
| ⑤ | allow | …… | includes | …… | welcome |

## ✕ 문제 해결하기

**Step 1** 선택지 어휘 파악하기
(A)[금하다 / 허용하다], (B)[포함하다 / 배제하다], (C)[환영하다 / 반대하다]의 의미로 구성되어 있다.

**Step 2** 글의 내용에 비추어 적절한 어휘 고르기
(A)에는 교육부에서 고카페인 음료의 판매를 금지했다는 의미가 되어야 하므로 ban이 정답이며, (B)에도 even으로 보아 교사를 위해 설치한 자판기도 포함된다는 이야기가 되어야 하므로 includes가 와야 한다. 마지막으로 학부모는 바로 이어지는 문장의 내용으로 효과가 있기를 바란다는 말로 보아 welcome이 들어가야 자연스럽게 연결된다.

**Step 3** 답 점검하기
어휘 문제의 경우 어법 문제와는 달리 본문 전체의 흐름을 파악하고 있어야 하므로 처음부터 끝까지 정확하게 본문의 내용에 근거하여 풀어야 한다. 따라서 (A) ban (B) includes (C) welcome이므로 정답은 ①이다.

the Ministry of Education 교육부    ban 금하다    allow 허락하다, 허용하다    nationwide 전국적으로    improve 향상시키다    decision 결정, 결심    include 포함하다    coffee vending machine 커피 자동판매기    install 설치하다    no longer 더 이상 ~아니다(= no more, not ~ any more)    energy boost 에너지 강장제    policy 정책    effective 효과 있는    doubt if ~인지 의심하다    get 사다(= buy)    outside(s) of ~ 밖에

*Last winter, a giant wave of Arctic air brought ① <u>freezing</u> weather to much of North America. About 200 million people felt the power of the storm. Dangerous ice storms hit states like Georgia and Florida that ② <u>are</u> usually warm. Highways were ③ <u>covering</u> with snow, and traffic stopped. Many airports and businesses had to close. Thousands of children couldn't ④ <u>leave</u> their schools, and had to sleep there overnight. The cold wave created a huge emergency. Everybody began asking, "What's ⑤ <u>happening</u> to the weather?"

**1** 윗글의 밑줄 친 부분 중, 어법상 틀린 것은?

서술형

**2** 다음 질문에 알맞은 답을 윗글을 참조하여 쓰시오.
What happened when dangerous ice storms hit states like Georgia and Florida? Write two things. You may write the answers in Korean.

→ _____ .

---

**Grammar Points!**    현재분사와 과거분사 쓰임 비교

현재분사(–ing형)는 능동과 진행의 의미를 나타내고, 과거분사(–ed형)는 수동과 완료의 의미를 나타내며 명사나 명사구를 앞이나 뒤에서 수식한다.

**The news shocked people.** 그 소식이 사람들에게 충격을 주었다.

the **shocking** news vs. the **shocked** people
놀라운 뉴스: 뉴스가 사람을          충격을 받은[놀란] 사람들: 뉴스에 사람들이
놀라게 하므로 현재분사 사용          충격을 받았으므로 과거분사 사용

Last winter, a giant wave of Arctic air brought **freezing** weather to much of North America.
지난겨울에, 북극의 거대한 공기 흐름이 북아메리카 많은 지역에 얼어붙을 듯한 날씨를 가져왔다.

---

**giant** 거대한   **wave** 파도   **Arctic** 북극의   **freezing** 얼어붙은; 몹시 추운   **storm** 폭풍   **dangerous** 위험한   **ice storm** 착빙을 일으키는 폭풍우   **highway** 고속도로   **be covered with** ~으로 덮여 있다   **traffic** 교통; 차량들   **airport** 공항   **business** 기업, 상점   **overnight** 밤새, 간밤에   **create** 만들다   **huge** 큰, 막대한   **emergency** 비상, 응급, 위기

Come visit Banff and Lake Louise in the mountains of western Canada. The (A) scenario / scenery is so beautiful, and the hotels are world-famous! In winter you can ski or snowboard, ride a dogsled, or ride a sleigh (B) pulled / pushed by horses. In summer you can camp, hike, ride horses, or go river rafting. There are also festivals. *Many tourists visit Banff and Lake Louise every year to see the most beautiful nature on earth. Why not you? Plan your (C) last / next vacation with us!

**1** (A), (B), (C)의 각 네모 안에서 문맥에 맞는 낱말로 가장 적절한 것은?

|  | (A) |  | (B) |  | (C) |
|---|---|---|---|---|---|
| ① | scenario | ······ | pulled | ······ | last |
| ② | scenario | ······ | pushed | ······ | next |
| ③ | scenery | ······ | pulled | ······ | last |
| ④ | scenery | ······ | pushed | ······ | next |
| ⑤ | scenery | ······ | pulled | ······ | next |

서술형

**2** 윗글의 목적이 무엇인지 우리말로 쓰시오.

→ _____

---

**Grammar Points!**　**3형식 문장**

『주어 + 타동사 + 목적어』로 이루어진 문장으로 동사 다음에 항상 목적어가 수반된다. 이렇게 목적어를 취하는 동사를 타동사라고 한다. 주어나 목적어 자리에는 명사 성질을 띤 단어, 구, 절이 올 수 있다.

**She loves me.** (단어) 그녀는 나를 사랑한다.
**I like to eat meat.** (명사구) 나는 고기 먹는 것을 좋아한다.
**Everybody knows that he is very smart.** (명사절) 그가 매우 똑똑하다는 것을 모두가 알고 있다.
**Many tourists visit Banff and Lake Louise every year to see the most beautiful nature on earth.**
많은 관광객들이 매년 지구에서 가장 아름다운 자연을 보기 위해 Banff와 Louise 호수를 찾아옵니다.

---

**visit** 방문하다　**western** 서쪽의, 서부의　**scenario** 시나리오, 대본　**scenery** 경치　**world-famous** 세계적으로 유명한　**dogsled** 개 썰매　**sleigh** 썰매　**pull** 잡아당기다, 끌다　**push** 밀다　**horse** 말　**camp** 캠핑을 하다　**hike** 도보 여행하다, 하이킹하다　**rafting** 래프팅, 뗏목 타기　**tourist** 관광객(tour(여행하다) + ist('사람'의 명사형 어미))　**nature** 자연

Lily, guess what? ① <u>When</u> I walked into English class this morning, the teacher was smiling. And I wondered, "Why ② <u>is she</u> so happy?" Then I found out. She said, *"I'm giving you a surprise test! I hope ③ <u>that</u> you studied hard yesterday!" We all groaned. When I began the first page, I was very worried. But then I just decided ④ <u>to do</u> my best. When the test was over, surprise, surprise! I got most of the answers right! Then I ⑤ <u>am smiling</u>, too.

**1** 윗글의 밑줄 친 부분 중, 어법상 틀린 것은?

서술형

**2** 다음 질문에 알맞은 답을 윗글을 참조하여 빈칸에 쓰시오.

Why did all the students groan?

→ Because their _____ gave them _____ _____.

---

**Grammar Points!**　**4형식 문장**

『주어 + 수여동사 + 간접목적어 + 직접목적어』의 문장으로 항상 목적어가 2개 수반된다.
**My mom made me a sandwich.** 우리 엄마가 나에게 샌드위치를 만들어 주셨다.
4형식 문장에 쓰이는 수여동사는 『주어 + 동사 + 직접목적어 + 전치사 + 간접목적어』 형태의 3형식 문장으로 전환 가능하다.
(1) 3형식으로 전환할 때 전치사 to가 필요한 동사: give, tell, send, teach, show, lend 등
　**I'm giving you a surprise test!** → **I'm giving a surprise test <u>to</u> you!**
　나는 여러분에게 깜짝 시험을 실시할 거예요!
(2) 3형식으로 전환할 때 전치사 for가 필요한 동사: buy, make, cook, choose 등
　**Paul cooked his sister dinner.** → **Paul cooked dinner <u>for</u> his sister.** Paul은 여동생을 위해 저녁을 지었다.
(3) 3형식으로 전환할 때 전치사 of가 필요한 동사: ask 등
　**Can I ask you a favor?** → **Can I ask a favor <u>of</u> you?** 네게 부탁 하나 해도 될까?

---

Guess what? 있잖아!, 너 아니?, 맞춰 볼래?　**walk into** ~로 걸어 들어가다　**wonder** 궁금하다; ~일까 하고 생각하다　**then** 그다음　**find out** 알다, 발견하다　**surprise** 놀람; 예기치 않은 일　**test** 시험　**groan** 신음하다, 괴로워하다　**worried** 걱정스러운　**decide to** ~하기로 결정하다　**do one's best** 최선을 다하다　**be over** 끝나다　**answer** 답, 대답　**right** 맞은, 옳은

According to many studies, ① eating nuts may be good for your heart. Nuts like almonds and walnuts contain good fats, vitamin E, and fiber. *Some people, however, stopped ② to buy nuts because they are expensive. Instead, they find one food, peanuts, that is much less expensive food that have the same health benefits ③ as nuts. Peanuts are also good for your heart. Despite their name, peanuts are not actually nuts. They're ④ like beans. In one study, people who ate either true nuts ⑤ or peanuts were less likely to die of heart disease than people who didn't.

**1**  윗글의 밑줄 친 부분 중, 어법상 **틀린** 것은?

서술형

**2**  다음 두 문장을 해석하시오.

(1) She stopped to buy some milk.

→ _____

(2) She stopped buying milk.

→ _____

---

**Grammar Points!**  **stop + to부정사 vs. stop + 동명사**

「stop + to부정사」는 '~하기 위해 (하던 일을) 멈추다'라는 의미로, 이때 to부정사는 '목적'을 나타내는 부사적 용법으로 쓰인 것이고 stop은 자동사로 쓰인 것이다. 「stop + 동명사」는 '~하는 것을 중단하다'라는 의미로, 동명사는 타동사 stop의 목적어로 쓰인 것이다.
The man **stopped smoking.** 그 남자는 담배를 끊었다.
The man **stopped to smoke.** 그 남자는 담배를 피우려고 멈춰 섰다.
Teen girls also **stopped using** cosmetics. 십 대 소녀들은 또한 화장품을 사용하는 것을 중단했다.

be good for ~에 좋다  heart 심장  contain 함유하다  fat 지방  fiber 섬유질  expensive 비싼  the same A as B B와 같은 A  benefit 이익, 혜택  despite ~에도 불구하고  like ~와 같은(= such as)  either A or B A, B 둘 중 하나  be less likely to ~일 가능성이 적은  die of ~로 죽다  heart disease 심장병

Millions of people live in democratic countries. "Democratic" means "ruled by the people." *Democratic countries like Canada, South Korea, and Australia allow people to be ① free. People are also free to say what they think and to share information on the Internet. In some countries, however, the government controls what people can say. They don't ② ban newspapers to talk about the government's mistakes. They try to keep people from finding out the ③ truth. But it's easier now to get information than it once was. These days, when people want to change society, they share news on SNS. They record events on their smartphones. They ④ post photos and stories on the Internet. Bad governments don't like this, but it's hard for them to stop it. So as you can see, ⑤ technology can help people be free.

**1** 윗글의 밑줄 친 부분 중, 문맥상 낱말의 쓰임이 적절하지 <u>않은</u> 것은?

서술형

**2** 다음 질문과 지시에 알맞은 답을 빈칸에 쓰시오.
What do people do when they want to change society these days? Write two things in English.

(1) _____

(2) _____

---

**Grammar Points!**   목적격 보어

『주어 + 불완전타동사 + 목적어 + 목적격 보어』로 이루어진 문장으로 동사 다음에 목적어와 목적격 보어가 수반된다. 목적격 보어는 목적어를 보충 설명해 주는 말로, 명사/대명사, 형용사, to부정사, 현재분사, 과거분사 등이 목적격 보어 자리에 올 수 있다.
**We believe her a great artist.** (명사) 우리는 그녀가 위대한 예술가라고 생각한다.
**I found the movie boring.** (형용사) 나는 그 영화가 따분했다.
**Democratic countries like Canada, South Korea, and Australia allow people to be free.**
캐나다, 한국, 그리고 호주와 같은 민주 국가들은 사람들이 자유롭도록 허용한다.

---

**democratic** 민주적인   **country** 국가, 나라   **rule** 지배하다   **share** 나누다, 공유하다   **government** 정부   **control** 지배하다, 통제하다   **mistake** 실수   **keep A from -ing** A가 ~하는 것을 못하게 하다   **find out** ~을 알아내다   **once** 한때   **these days** 요즘   **society** 사회   **record** 기록하다   **post** 게시하다, 올리다   **hard** 어려운, 힘든   **technology** 기술

# Word Check ✖ ✖ ✖

**[1-3] 다음 괄호 안에서 알맞은 말을 고르시오.**

1 The highway is more like a (giant / constant) parking lot.

2 What's the (weather / whether) like today?

3 I (hope / wonder) if it'll rain this weekend.

**[4-6] 빈칸에 알맞은 말을 〈보기〉에서 골라 쓰시오.**

| 〈보기〉 allow　　　create　　　record |
| --- |

4 I will _____ everything I do.

5 Thomas Edison _____d the light bulb in 1879.

6 Food and drinks are not_____ed on the subway.

**[7-8] 다음 짝지어진 단어의 관계가 같도록 빈칸에 알맞은 말을 쓰시오.**

7 brown : color = rainy : _____

8 beautifully : beautiful = effectively : _____

**[9-11] 다음 영영풀이가 뜻하는 단어를 쓰시오.**

9 _____ : to control or govern a country and its people

10 _____ : the movement of cars, planes, etc. from one place to another

11 _____ : to move someone or something away from you with force

12 **다음 두 빈칸에 공통으로 알맞은 것을 고르시오.**

> My dad kept me _____ playing computer games.
> The library is open _____ 7 a.m. to 10 p.m.

① by　　　　　　② with　　　　　　③ for

④ through　　　　⑤ from

# READING 16

정답 및 해설

LEVEL. 1

CEDU
BOOK 쎄듀

# READING 16

## 정답 및 해설

LEVEL. 1

# Unit 01 글의 주제 파악 (1)

**Example** ②　　　　　　　　　　　　　　　　　　　p.9

**해석** 많은 사람들이 체중을 감량하고 건강을 유지하기 위해 러닝 머신 위에서 걷는다. 그러나 그것은 종종 따분하고 발이나 무릎에도 무리가 간다. 스피닝 자전거를 타는 것이 좀 더 편하면서도 많은 칼로리를 소모한다. 이것은 심장과 폐의 건강을 증진시키며, 다리 모양도 좋게 해준다. 또한 이것은 배 근육을 더 튼튼하게 만들어 준다. 사람들은 자신의 페이스로 운동할 수 있고 그러면서도 계속 그 속도를 유지할 수 있다. 그리고 강좌를 들으며 운동하기 때문에, 계속 동기 부여도 되고 의욕도 유지된다.

## ✕ PRACTICE

1　1 ④　　2 Don't, be, late
2　1 ④　　2 Harry felt lonely, so he planned to adopt a pet.
3　1 ③　　2 How, long
4　1 ④　　2 to pass
장문 독해　1 ④　　2 Egg, yolks

## PRACTICE 1　　　　　　　　　　　　　　　　　p.10

**1 ④　　2 Don't, be, late**

**해석** 다음은 스노보드를 안전하게 타기 위한 몇 가지 정보이다: 우선, 건강을 잘 유지하도록 해라. 시즌이 시작되기 전에 운동을 충실히 해라. 다음으로, 헬멧과 고글을 착용하고 모든 장비가 제대로 잘 채워졌는지 확인해라. 또한 시작하기 전에 스트레칭 운동을 해라. 그리고 초급자라면 위험한 슬로프에 가지 마라. 게다가 낮에 충분한 물을 마셔라. 마지막으로 피곤하면 스노보드 타는 것을 중단해라. "마지막 한 번 더 타기" 위해 가지 마라. 이 정보들을 따르면 많은 부상을 피할 것이다.

**문제 해설** 첫 문장에서 스노보드를 안전하게 타는 정보를 알려주겠다(Here are some tips for snowboarding safely)고 했고 마지막 문장에서 이런 정보를 따르면 부상을 피할 수 있다(Follow these tips and you'll avoid many injuries.)고 했으므로 ④ '스노보드 탈 때 안전 유의 사항'이 정답이다.

**서술형 문제 해설** 부정명령문은 「Don't + 동사원형」으로 쓴다.

## PRACTICE 2　　　　　　　　　　　　　　　　　p.11

**1 ④　　2 Harry felt lonely, so he planned to adopt a pet.**

**해석** 과거에는 대부분의 사람들이 결혼해서 대가족을 꾸렸다. 종종 조부모님들이 한집에서 사셨다. 그러나 요즘은 거의 3억 명이 혼자 산다. 미국에서는 모든 가정의 27 퍼센트가 집에서 한 명만 살고 있다. 그러나 그들 대부분은 외롭다고 느끼지 않는다. 그들은 혼자 살기로 선택했다. 부분적인 이유로 그들은 혼자 살 형편이 되기 때문이다. 그리고 그들은 그들의 꿈을 좇고 싶어 한다. 모두가 혼자 사는 것을 좋아하지는 않지만, 많은 사람들이 그렇다.

**문제 해설** live alone, have only one person living in them, live by themselves 등 혼자 사는 것에 관한 표현이 계속 반복되고

있고, 세 번째 문장 But these days, nearly 300 million people live alone.에서 종합적인 주제를 전달하고 있다. 따라서 ④ '혼자 사는 사람들의 증가 현상'이 정답이다.

**서술형 문제 해설** feel은 불규칙 변화를 하는 동사로 과거형은 felt이고, plan은 '단모음 + 단자음'으로 끝나는 동사라서 끝자음 n을 한 번 더 쓰고 -ed를 붙여 쓴다.

## PRACTICE 3　　　　　　　　　　　　　　　　　p.12

**1 ③　　2 How, long**

**해석** 당신은 다른 나라로의 여행을 계획하고 있는가? 여기에 따라야 할 몇 가지 규칙이 있다. 당신이 독일에 갈 때, 주머니에 손을 넣고 이야기해서는 안 된다. 그것은 실례이다. 당신이 인도에 여행을 계획하고 있다면, 왼손을 쓰지 않는 게 좋다! 왼손은 그들의 문화에서 깨끗하지 않다고 여겨지므로 누군가를 맞이하거나 환전을 하거나 혹은 가게에서 물건을 고를 때 오른손을 쓸 것을 잊지 마라. 당신이 아랍인들과 어울릴 때, 주는 사람 앞에서 선물을 여는 것을 피해야 한다. 주는 사람이 있는데서 선물을 여는 것은 주는 사람과 받는 사람 모두에게 당황스러움으로 여겨진다.

**문제 해설** 글의 첫 부분에서 다른 나라로의 여행을 계획할 때 몇 가지 규칙을 따라야 한다고 말하고, 독일과 인도, 아랍 국가를 예로 들고 있다.

**서술형 문제 해설** 프로젝트를 끝내는 시간이 얼마나 오래 걸렸냐고 물어야 한다.

## PRACTICE 4　　　　　　　　　　　　　　　　　p.13

**1 ④　　2 to pass**

**해석** 연설을 잘 하려면, 우선 무엇을 말하고 싶은 건지 알아야 한다. 그러나 또한 그것을 어떻게 말하는지 아는 것도 중요하다. 그래서 사람들은 연설 리허설을 해야 한다. 이것은 무엇이 가장 좋은지 보여줄 것이다. 여러 가지 연설 방법을 실험해 보라. 좀 더 빨리 혹은 좀 더 느리게 말하는 것을 해 보라. 자신의 말을 녹음한 다음 연설한 것을 검토해라. 혹은 친구들에게 솔직한 의견을 구하라. 연설을 더 많이 리허설을 해 볼수록, 더 자신감을 갖게 될 것이다. 속담에도 있듯이, "연습을 통해 완벽해질 수 있다."

**문제 해설** 세 번째 문장 That's why you must rehearse your speech.(그래서 사람들은 연설 리허설을 해야 한다.)에 전달하고자 하는 내용의 주제가 나타나 있다. 즉, 연설을 잘 하려면 연설 리허설을 해야 한다고 말한 다음, 연설 리허설을 잘 할 수 있는 구체적인 방법을 설명하고 있다. 따라서 ④ '연설 리허설의 중요성'이 정답이다.

**서술형 문제 해설** '~하기 위해 노력하다'라는 의미를 나타낼 때는 「try + to부정사」의 표현을 쓴다.

## 장문 독해　　　　　　　　　　　　　　　　　　p.14

**1 ④　　2 Egg, yolks**

**해석** 연어는 건강에 가장 좋은 식품 가운데 하나이다. 그것은 특별한 기름이 가득한데, 심장병과 우울증을 예방한다. 케일도 매우 건강에 좋다.

그것은 비타민과 무기질이 풍부하다. 그것들은 암에 맞서 싸운다. 그리고 마늘에 있는 많은 비타민들이 사람들을 심장병과 암에서 안전하게 지켜준다. 감자는 완전식품이다. 그것은 몸이 필요로 하는 거의 모든 영양소를 갖고 있다. 블루베리는 뇌에 좋고 기억력을 향상시킨다. 노른자위는 눈병을 멀리 하게 해주며, 체중감량을 돕는다. 그리고 매일 약간의 다크 초콜릿을 먹는 것은 뇌를 도와주고, 혈류를 더 좋게 해준다. 이 모든 슈퍼푸드는 여러분의 건강에 좋고 영양이 가득하다. 그리고 질병에 맞서 싸운다. 그러므로 그것들을 매일 식사할 때 테이블에 놓도록 해라.

**문제 해설** 여러 가지 음식의 장점과 어떤 질병 예방에 좋은지 정보 나열식으로 설명하고 있다. 그리고 마지막의 두 문장에서 주제를 집약해서 전달하고 있다. 즉 질병을 예방할 수 있는 건강식품을 소개하고 있으므로 ④가 정답이다.

**서술형 문제 해설** 노른자위(egg yolks)가 눈병을 멀리 하게 해준다고 했다.

**해석** 1 그는 혼자 살아서 외로움을 느낀다.
2 여기는 매우 위험해. 조심해.
3 다이어트를 한다면, 운동을 해라. 운동하는 것은 지방을 소모한다.
4 나는 차를 살 형편이 안 된다.
5 그녀는 공원에서 쓰레기를 줍는다.
6 나는 건강을 유지하기 위해 체중을 줄이고 싶다.
9 예방하다: 어떤 것이 일어나지 않도록 하다
10 피곤한: 쉬거나 자고 싶다는 기분의
11 완전한: 필요한 부분이 모두 갖추어진
12 방이 많은 사람들로 꽉 차 있다.
**문제 해설** 7 형용사와 부사 관계
8 범주에 속하는 것과 범주와의 관계
12 be filled with = be full of (~로 가득하다)

---

## Word Check                                                p.15

| | | |
|---|---|---|
| 1 alone | 2 dangerous | 3 burns |
| 4 to | 5 up | 6 lose |
| 7 properly | 8 sports | 9 prevent |
| 10 tired | 11 complete | 12 ⑤ |

---

# Unit 02 글의 주제 파악 (2)

## Example ⑤                                                p.17

**해석** 내가 가장 좋아하는 수업은 체육이다. 나는 스포츠와 체육관에서 운동하는 것을 무척 좋아한다. 나는 야구부터, 농구, 축구까지 모든 것을 좋아한다. 나는 체조와 레슬링에서 우리 반에서 최고이다. 나는 커서 체육을 가르치고 싶다. 우리 선생님은 다른 학생들이 어떤 것을 모를 때 내가 그들을 돕도록 해주신다. 그는 내게 꿈을 좇으라고 격려해 주셨다. 그러나 선생님은 또한 내가 다른 모든 과목에서도 좋은 점수를 받아야 한다고 내게 말씀하셨다.

### ✕ PRACTICE

1  1 ④     2 good, terrible
2  1 ④     2 Working, everyone's, ideas
3  1 ⑤     2 8~10 cups of water a day
4  1 ④     2 homes
**장문 독해**  1 ④     2 There, was, bird

## PRACTICE 1                                                p.18

1 ④     2 good, terrible

**해석** 만약 요즘 여러분의 은 식기류가 윤기 없이 보이는 것을 발견하면 알루미늄 포일이 훌륭한 해결책이 될 수 있다. 먼저, 프라이팬에 알루미늄 포일 한 장을 깔아라. 다음, 그것을 찬물로 채우고 두 티스푼의 소금을 넣어라. 너의 오래된 은 식기류를 그 팬에 넣고 몇 분 기다려라. 마지막으로 물로 헹구고 말리면 여러분은 마치 새것과 같은 은 식기류를 가지게 될 것이다.

**문제 해설** 오래된 은 식기류가 윤기를 잃었을 때, 팬에 알루미늄 포일을 깔고 찬 소금물에 담가 새것처럼 만들 수 있다는 내용이다.

**서술형 문제 해설** look, smell, feel, taste, sound 등의 감각동사는 뒤에 형용사를 보어로 쓴다.

## PRACTICE 2                                                p.19

1 ④     2 Working, everyone's, ideas

**해석** 서로 다른 욕구와 목표를 가진 사람들은 종종 갈등을 겪거나 다툰다. 그러나 우리는 일이 되도록 하기 위해 함께 노력해야 한다. 여기 마음에 새겨 둘 다섯 가지 방법이 있다: (1) 맞설 때는 자기주장을 강하게 펼친다. (2) 의견 불일치가 중요하지 않다면, 우리는 갈등을 피할 수 있다. (3) 우리는 모든 편에게 이롭도록 의견 일치를 보고 협력할 수 있다. (4) 때로 우리는 상대방을 기쁘게 해주기 위해 그들이 바라는 몇 가지를 받아들일 수 있다. (5) 함께 노력하면서 모두의 생각을 활용하는 것이 가장 좋지만, 시간이 많이 걸린다.

**문제 해설** 첫 문장에서 서로 다른 욕구나 목표가 있는 사람들은 흔히 갈등을 겪는다고 한 후, 그래도 일이 되도록 하려면 함께 노력해야 한다고 했다. 그리고 그 구체적인 방법으로 5가지를 나열하고 있으므로 ④ '갈등 해결을 위한 방법'이 글의 주제로 알맞다.

**서술형 문제 해설** 함께 노력하면서 모두의 생각을 활용하는 것이 가장 좋다고 했다.

**1** ⑤    **2** 8~10 cups of water a day

**해석** 물을 마시는 것은 우리 건강에 매우 중요하다. 수분은 우리 체중의 3분의 2 이상을 구성한다. 우리는 매일 많은 양의 수분을 잃으므로, 매일 없어진 물을 대체할 많은 물을 마셔야 한다. 세계보건기구(WHO)는 건강을 유지하기 위해 사람들에게 하루 8~10잔의 물을 마시라고 권장한다. 이는 1.5~2리터에 해당한다. 우리가 충분한 물을 마시지 않으면, 체내 수분의 좋은 균형을 유지할 수 없고 더 쉽사리 병들게 될 것이다.

**문제 해설** 첫 문장에서 수분 섭취의 중요성에 대해서 언급하고 있고, 매일 일정 부분 체내 수분량이 감소하는데 이를 대체하기 위해 하루 8~10잔의 물을 마셔야 한다고 했으므로 ⑤ '일일 권장량의 수분 섭취의 중요성'에 대한 글이다.

**서술형 문제 해설** 세계보건기구(WHO)는 건강을 유지하기 위해 사람들에게 하루 8~10잔의 물을 마시라고 권장했다는 부분에서 답을 알 수 있다.

**1** ④    **2** homes

**해석** 다양한 문화와 환경 속에 다양한 종류의 주택이 있다. 모로코 사막에서는 베르베르인들이 햇볕에 말린 진흙 벽돌집을 짓는다. 말레이시아 사바의 어떤 어부들은 바다의 목재 기둥 꼭대기 위에 집을 짓는다. 스페인 안달루시아의 사람들은 굴처럼 산을 깎아 만든 집에서 산다. 필리핀 남부에서는 바고보 사람들이 나뭇가지 위에 집을 짓는다. 고비 사막에서는 몽골인들이 천으로 만들어진 주택을 갖고 있다. 그들은 종종 이 집들을 새로운 목초지로 이동시킨다.

**문제 해설** 첫 문장 There are different kinds of houses in different cultures and environments.에서 글의 주제를 명확하게 밝히고 그 구체적인 예를 들며 전개한 글이다. 모로코 사막의 진흙 벽돌집, 사바의 수상 가옥, 안달루시아의 토굴 집, 필리핀의 나무 위 주거 형태, 고비 사막의 게르 등 환경에 따라 다양한 주거 형태를 설명하고 있다. 따라서 ④ '환경에 따라 다양한 주거 형태'가 정답이다.

**서술형 문제 해설** dwelling은 '주택, 주거'의 의미로 바로 다음 문장에 나오는 homes를 나타낸다.

**1** ④    **2** There, was, bird

**해석** 한때 북미의 평원에 3천만 마리 가량의 아메리카들소가 있었다.

원주민들이 식량을 위해 그것들을 죽였지만, 몇 마리만 죽였다. 그 후 1800년대에 많은 유럽인들이 평원에 도착했다. 그들 역시 식량을 위해 아메리카들소에게 총을 쏘기 시작했다. 그들은 또한 아무 이유 없이 수십만 마리의 들소들을 죽였다. 그들이 들소들을 너무 많이 사냥해서 들소들이 거의 사라졌다. 1888년까지 세계에 541마리의 아메리카들소만이 남아 있었다. 그 후 몇몇 목장주들이 그들을 구하기 위해 열심히 노력했다. 이제 다시 많은 들소들이 있다. 몇몇은 야생이나 주립공원에서 살지만, 그 중 50만 마리는 목장에서 산다. 목장주들은 그렇게 함으로써 돈을 벌기 때문에 들소를 키운다. 그들은 가축처럼 고기를 얻기 위해 들소를 사육한다.

**문제 해설** 3천만 마리나 있던 아메리카들소가 식량을 얻기 위해 사냥되어 541마리까지 줄었다가 목장주들의 노력으로 이제 다시 그 수가 많아졌다고 했다. 그러므로 ④ '멸종 위기에 처한 동물 보호의 성공'이 글의 주제임을 알 수 있다.

**서술형 문제 해설** '~이 있었다'는 표현 There was / were를 쓸 수 있다. 한 마리는 단수 주어이고 과거 시제이므로 There was가 필요하다.

| | | |
|---|---|---|
| 1 arrive | 2 favorite | 3 about |
| 4 make up | 5 insists | 6 grow up |
| 7 healthy | 8 told | 9 build |
| 10 dull | 11 disappear | 12 ③ |

**해석** 1 기차가 정시에 도착할 것이다.
2 내가 가장 좋아하는 과목은 과학이다.
3 이 책은 약 5년 되었다.
4 5명의 선수가 한 팀을 구성한다.
5 그녀는 그 돈이 자기 것이라고 주장한다.
6 나는 커서 패션 디자이너가 되고 싶다.
9 건설하다: 집이나 공장 등과 같은 구조물을 만들다
10 윤기 없는: 빛나지 않는
11 사라지다: 보이지 않게 되다
12 ① 너는 채소를 좋아하니? ② 우리는 야구 하는 것을 좋아한다. ③ 집과 같은 곳은 없다. ④ 아이들은 피자 먹는 것을 좋아한다. ⑤ 그녀는 책 읽는 것을 좋아하지 않는다.

**문제 해설** 7 반의어 관계
8 현재형과 과거형 관계
12 ③ like: '~와 같은'의 의미이며, 나머지는 모두 '좋아하다'라는 뜻의 동사이다.

## Unit 03 글의 제목 파악

**Example** ④     p.25

**해석** 손톱을 물어뜯는 것은 치아에 안 좋다는 것을 여러분은 알고 있다. 그러나 그것을 멈출 수 없는 것 같다. 자, 좋은 소식은 여러분이 할 수 있

다는 것이다! 여기 몇 가지 방법이 있다. 손톱을 물어뜯을 수 없도록 항상 손톱을 아주 짧게 깎아라. 손톱을 물어뜯고 싶을 때를 대비해 씹을 당근을 준비해 두어라. 대신 껌을 씹어라. 마지막으로 다른 모든 방법으로 안 되면, 손을 주머니에 넣어라. 이것들을 해 봐! 여러분에게 효과가 있을

지 모른다! 오늘 그 나쁜 버릇을 고쳐라.

## PRACTICE 1 p.26

1 ⑤  2 swam, across

해석 Lewis Pugh는 환경을 보호하기 위해 말하고 행동한다. 그는 대양의 문제들에 주목을 끌기 위해 모든 대양에서 수영을 했다. 많은 대양이 더럽다. 사람들이 너무 많은 물고기를 잡아 남아 있는 물고기가 별로 없다. 석유 유출로 많은 동물들이 죽는다. 그리고 지구의 기후가 변화하고 있어, 대양이 점점 더 따뜻해지고 있다. 2007년에 Pugh는 북극을 횡단 수영한 최초의 사람이었다. 그는 북극의 얼음이 녹아 없어지고 있다는 것을 보여주기 위해 이렇게 했다. Pugh는 사람들이 환경에 주의를 기울이도록 만든다.
문제 해설 첫 문장 Lewis Pugh speaks and acts to protect the environment.(Lewis Pugh는 환경을 보호하기 위해 말하고 행동한다.)에서 주제를 전달하고 있다. 그리고 환경을 보호하기 위해 구체적으로 북극 횡단 수영을 한 배경과 과정 등을 설명하고 있어 ⑤ Lewis Pugh: Acting to Help Save Our Environment가 정답이다. ① Lewis Pugh의 생애 ② 지구의 변화하는 기후 ③ 대양의 해로운 것들 ④ Lewis Pugh의 세계 수영 기록 ⑤ Lewis Pugh: 우리 환경을 구하기 위해 돕는 행위
서술형 문제 해설 그는 2007년에 북극을 횡단 수영했다. 과거의 일이므로 swim의 과거형 swam을 써야 한다.

## PRACTICE 2 p.27

1 ⑤  2 What a tall building (it is)!

해석 David Copperfield는 지구상에서 가장 유명한 마술사이다. 그의 가장 유명한 마술은 대형 물체가 사라지게 하는 것이다. 한번은 Copperfield가 자유의 여신상을 사라지게 했다. 얼마나 놀라운가! 이 조각상은 키가 46미터이다. 또 한번은 그가 중국의 만리장성을 바로 관통해서 걸어갔다. 또 다른 마술에서는 톱이 그를 반으로 잘랐지만, 그는 다치지 않았다. 게다가 그는 한번은 무대에서 날았는데, 아무것도 그를 받치고 있지 않았다. 아무도 Copperfield가 이 모든 마술을 어떻게 했는지 모른다.
문제 해설 유명한 마술사 David Copperfield를 소개한 다음, 가장 유명한 마술의 예를 몇 개 들고 있다. 따라서 이를 종합하면 ⑤ Copperfield's Marvelous Magic Tricks가 글의 제목으로 적절하다. ① 세계의 유명 장소 ② 여러 가지 마술 유형 ③ 중국 만리장성의 역사 ④ Copperfield와 자유의 여신상 ⑤ Copperfield의 놀라운 마술
서술형 문제 해설 what을 이용한 감탄문은 「What (+a/an) + 형용사 + 명사 (+ 주어 + 동사)」의 어순으로 쓴다.

## PRACTICE 3 p.28

1 ④  2 He is always right.

해석 "셀카 사진"은 자신을 찍는 사진이다. 보통 카메라를 팔로 펼쳐 들고 사진을 찍는다. 요즘 많은 십 대들이 페이스북 페이지에 셀카 사진을 올리거나 친구들에게 이메일로 보낸다. 많은 십 대들이 자신들의 멋진 사진이 생기도록 하기 위해 셀카 사진을 찍는다. 그들은 사람들에게 자신들이 매력 있다는 것을 보여 주고 싶어한다. 또는 그들은 다른 사람들이 그들을 좋아해 주기를 바라기 때문에 셀카 사진을 공유한다. 다른 사람들은 친구들을 웃게 만들려고 장난으로 셀카 사진을 찍는다.
문제 해설 이 글은 주제를 한 문장으로 집약해서 나타내는 문장이 없다. 그러므로 글 전반에 흐르는 내용을 포괄적으로 담고 있는 선택지를 제목으로 고르도록 한다. 십 대들이 셀카 사진을 찍어 무엇을 하고 왜 하는지 설명하고 있는 글이다. 따라서 ④ Why Do Teens Take Selfies?가 정답이 된다. ① 페이스북의 셀카 사진 ② 셀카 사진에서 포즈를 취하는 방법 ③ 누가 셀카 사진을 찍기 시작했는가? ④ 십 대들은 왜 셀카 사진을 찍는가? ⑤ 좋은 셀카 사진과 나쁜 셀카 사진
서술형 문제 해설 빈도부사는 be동사 뒤에 위치한다.

## PRACTICE 4 p.29

1 ⑤  2 태양풍이 지구까지 도달하는 동안 에너지 대부분이 없어지고 말 것이라는 것

해석 과학자들은 에너지를 얻는 방법에 대한 흥미로운 새로운 아이디어가 있다. 태양은 태양풍 속에 막대한 양의 전자를 내보낸다. 거대한 구리선 "돛"이 달린 위성들이 이 전자들을 붙잡을 수 있다. 그러면 레이저가 에너지를 지구의 위성 안테나로 보낼 수 있다. 이것을 하면, 우리는 필요한 모든 에너지를 갖게 될 것이다. 그러나 문제가 하나 있다: 태양풍에 가장 좋은 장소는 지구로부터 수백만 마일 떨어진 곳이다. 에너지 대부분이 그렇게 먼 곳으로 보내지면서 유실될 것이다.
문제 해설 첫 문장 Scientists have an exciting new idea for how to get energy.(과학자들은 에너지를 얻는 방법에 대한 흥미로운 새로운 아이디어가 있다.)에서 글의 주제를 제시하고 있다. 그리고 그 새로운 아이디어는 solar winds에 관한 것으로 두 번째 문장부터 구체적으로 설명하고 있다. 따라서 ⑤ Future Energy: Solar Wind Power가 제목으로 알맞다. ① 에너지를 얻는 방법 ② 태양풍 속의 전자 ③ 지구상의 위성 안테나 ④ 우리는 지구상에 더 많은 에너지가 필요하다 ⑤ 미래의 에너지: 태양풍 에너지
서술형 문제 해설 바로 뒤의 내용 the best places for solar winds are millions of miles from Earth. Most of the energy would be lost if it were sent that far.까지 전체를 가리킨다.

## 장문 독해 p.30

1 ④  2 (a) a white circle (b) a rock

해석 컬링은 스포츠이다. 사람들은 이것을 얼음 위에서 한다. 각각 4명인 두 팀이 있고, 각 팀은 8개의 돌(스톤)을 얼음 위로 미끄러뜨려 보낸다. 처음에, 한 팀이 자신의 순서를 갖고, 그 다음, 다른 팀의 순서가 되는 식이다. 얼음의 반대쪽 끝에는 3개의 고리가 그 주위에 있는 흰색 동그라미가 있다. 이것은 "하우스"라고 불린다. 각 팀은 스톤이 하우스의 가운데에 들어가도록 노력한다. 한 선수가 스톤을 미끄러뜨리면, 같은 팀의 두 선수가 그 앞에서 얼음에 비질을 한다. 이것은 스톤이 얼음 위를 내려

가면서 왼쪽이나 오른쪽으로 "휘게" 만든다. 중심에 가장 가까운 스톤이 있는 팀이 점수를 획득한다. 그리고 그들은 상대팀의 가장 가까운 스톤보다 더 가까이 있는 스톤만 점수가 된다. 컬링은 매우 단순하지만, 뛰어난 기술이 필요하다.

**문제 해설** 스포츠의 일종인 컬링에 대해 팀 인원수, 경기하는 방법, 득점하는 방법 등에 대해 설명하고 있는 글이다. 즉 컬링의 경기 규칙에 관한 내용이므로 ④ Rules for Playing Curling이 제목으로 적절하다. ① 컬링의 기원 ② 컬링의 장점 ③ 뛰어난 컬링 선수들 ④ 컬링하는 규칙 ⑤ 컬링 스톤을 만드는 방법

**서술형 문제 해설** (a) it은 바로 앞에서 언급한 흰색 동그라미(a white circle)를 가리킨다. (b)는 앞에서 미끄러뜨려 보낸 스톤(a rock)을 가리킨다.

## Word Check p.31

| | | |
|---|---|---|
| 1 half | 2 laughed | 3 post |
| 4 right, right | 5 attention, attention | |
| 6 modern[present] | | 7 photo |
| 8 vast | 9 center | 10 protect |
| 11 take, turn | 12 send, out | |

**해석** 1 사과를 반으로 자르세요.
2 Johnson 씨가 농담을 해서 우리는 많이 웃었다.
3 나는 유튜브에 영상을 몇 개 올릴 것이다.
4 우체국이 오른쪽에 있다. / 그 말이 맞다.
5 Sally는 자신에 대한 주목을 끌고 싶어 한다. / 우리는 우리 환경에 주의를 기울여야 한다.
8 막대한: 매우 큰
9 가운데: 어떤 것의 중앙 부분
10 보호하다: 어떤 사람 또는 어떤 것을 다치거나 파손되지 않도록 막다

**문제 해설** 6 반의어 관계
7 유의어 관계
11 take one's turn: 차례로 하다
12 send out: 보내다

---

# Unit 04 글의 요지 파악

## Example ④ p.33

**해석** 페이스북 같은 소셜 미디어는 여러분을 전 세계 사람들과 계속 연결되어 있도록 할 수 있다. 그러나 온라인에 너무 많은 시간을 보내면, 주변의 가족 및 친구들과 시간을 덜 보내게 된다. 그러면 현실 세계의 관계가 나빠진다. 또한 많은 소셜 미디어 사이트들은 많은 개인 정보를 올리도록 만든다. 그리고 때때로 여러분이 정말로 알지 못하는 온라인 "친구들"을 믿기 쉽다. 그러면 사이버 공격자들이 여러분에게 진짜 문제를 일으킬 수 있다. 온라인에서 시간을 즐기되, 현실 세계에서 귀중한 시간을 보내도록 해라.

### ✂ PRACTICE

1 1 ② 2 to get higher marks in school
2 1 ⑤ 2 younger
3 1 ② 2 will, is, going, to
4 1 ② 2 brings → bring
**장문 독해** 1 ④ 2 set clear goals and have a step-by-step plan

## PRACTICE 1 p.34

1 ② 2 to get higher marks in school

**해석** 처음에 한국 십 대들 대부분은 그저 학교에서 더 좋은 점수를 받기 위해 자원봉사를 해야 하니까 한다. 그들은 대개 쉽고 간단한 일을 원

하고, 꼬박 하루보다는 1시간의 짧은 시간만 돕는 것을 좋아한다. 그러나 자원봉사 일을 몇 번 한 후, 그들은 이기적이지 않은 태도가 길러지기 시작하고 다른 사람들을 좀 더 배려하는 것을 배우게 된다. 그 후, 그들은 도움이 필요한 사람들을 정말로 돕고 싶어하며, 자선단체에 자신들의 시간이나 돈을 기부하는 것에 관심을 갖게 된다.

**문제 해설** 중간에 있는 However, after they do volunteer work several times, they begin to develop an unselfish attitude and learn to become more considerate of others.가 글의 주제문이다. 즉 실제로 자원봉사를 해 보고 나면 이기적이지 않은 태도가 길러지고 배려심을 배우게 된다는 것이 글의 요지이므로 ② '자원봉사를 하면 배려심이 생긴다.'가 정답이다.

**서술형 문제 해설** 한국 십 대들 대부분은 학교에서 더 좋은 점수를 받기 위해 자원봉사 활동을 시작한다.

## PRACTICE 2 p.35

1 ⑤ 2 younger

**해석** 어떤 사람들은 낮잠을 자는 것이 시간 낭비라고 생각한다. 그러나 과학자들은 한낮에 20분 동안 쉬기 위해 일을 멈추면 더 많은 일을 해낼 것이라고 말한다. 또한 낮잠을 자는 것이 기억력을 증진시켜준다. 그리고 좀 더 창의적으로 만들어 준다. 더 많고 더 좋은 아이디어를 내기도 한다. 여러분을 더 건강하게 만들어 줄 수도 있다. 낮잠 자는 사람들은 심장병에 더 적게 걸린다. 그리고 매일 쉬는 것은 스트레스 정도를 낮춘다. 그러므로 누가 낮잠이 어린아이들만을 위한 것이라고 말하는가?

**문제 해설** 낮잠을 잘 경우의 장점에 대해서 열거하고 있고, 마지막에 낮

잠이 아이들만의 전유물이 아니라 모두에게 필요한 것이라는 의미로 말하고 있으므로 ⑤ '낮잠은 모두에게 긍정적인 효과가 있다.'가 글의 요지로 적절하다.

**서술형 문제 해설** John이 Sandy보다 2살 어리므로 young의 비교급 younger를 쓴다.

## PRACTICE 3
p.36

**1** ② **2** will, is, going, to

**해석** 일부 사람들은 어떻게 그들의 목표에 도달하고 꿈을 이루는가? 여러분이 그런 성공한 사람들을 조사해 보면, 그들이 공통으로 가지고 있는 일부 특징들을 찾는 것은 간단하다. 먼저, 그들은 자신을 아주 잘 알고 있다. 그들은 자신의 재능, 야망, 그리고 흥미를 잘 인식하고 있다. 두 번째로, 그들은 실패에 대한 두려움이 없다. 그들은 여러 번 실패할 지도 모르지만 기꺼이 끝까지 해낸다. 마지막으로, 그들은 자신이 성취할 것을 친구들이나 가족에게 말한다. 주위에 모든 사람이 그들이 무엇을 준비하는지 안다면 포기하기 더 힘들 것이다.

**문제 해설** 성공한 사람들에게서 발견되는 공통된 특징 세 가지를 설명하고 있다. 성공하려면 자신을 잘 알아야 하고, 실패에 대한 두려움이 없어야 하며, 친구들과 가족들에게 자신의 꿈에 대해 알려야 한다.

**서술형 문제 해설** 앞으로 할 일을 표현할 때 「will + 동사원형」 또는 「be going to + 동사원형」의 형태로 쓴다.

## PRACTICE 4
p.37

**1** ② **2** brings → bring

**해석** 여러분은 "나는 그 일을 지금 할 필요가 없어. 나는 언제라도 그것을 나중에 할 수 있어. 나는 할 시간이 많아." 라고 생각할지도 모른다. 때때로 쉴 필요가 있다는 것은 사실이다. 그러나 시간을 낭비하지 않는 것 또한 중요하다. 예를 들면, 방을 청소하거나 숙제를 해야 할 때 컴퓨터 게임을 하면서 몇 시간을 보내서는 안 된다. 한 시간 동안 아무것도 하지 않으면 그 시간은 절대 다시 되돌릴 수 없다. 그것은 영원히 사라져버린다. 그러므로 시간을 현명하게 써라.

**문제 해설** 마지막 문장에 필자의 주장이 드러나 있다. 시간을 현명하게 쓰라는 주장을 하는 이유는 If you do nothing for an hour, you can never get that hour back again. 즉 한 시간 동안 아무것도 하지 않으면 그 시간은 절대 다시 돌아오지 않는다는 메시지를 전달하고 있으므로 ② '지나간 시간은 절대 돌아오지 않는다.'가 글의 요지로 적절하다.

**서술형 문제 해설** 「should + 동사원형」으로 쓴다.

## 장문 독해
p.38

**1** ④ **2** set clear goals and have a step-by-step plan

**해석** 우리 중 많은 이들이 새로운 기술을 배우거나 나쁜 습관을 버리고 싶어 한다. 그러나 우리는 종종 그것을 어떻게 할지에 대한 아무런 계획이 없다. 우리는 그냥 시작해서 상황이 자연적으로 일어나기를 기대한다. 그러나 그것은 보통 잘 되지 않는다. 우리는 자주 낙담하게 되며 그 과정에서 포기한다. 확실히 성공하기 위해서는 명확한 목표를 세울 필요가 있다. 자세한 과정이 들어간 계획을 내라. 그러면 진행 상황을 볼 수 있다. 그리고 계속 긍정적이 되어야 한다. 네 자신은 목표에 도달할 수 있고

할 것이라고 스스로에게 계속 말해라. 친구들에게 목표에 관해 말해라; 그들이 네가 할 일을 하고 있는지 확인하게 해라. 마지막으로 실패가 아닌 성공에 집중해라. 성공하고 싶다면, 기억하라: 명확한 목표를 세우고 단계적인 계획을 세워라. 그다음 그 계획을 충실히 따르라.

**문제 해설** 글의 마지막 부분에서 필자가 말하고자 하는 내용이 집약되어 있다. 즉 성공하려면 명확한 목표를 세우고 단계적인 계획을 세우며, 그 계획을 충실히 따르라고 했으므로, ④ '계획을 세우고 실천하면 목표한 바를 이룰 수 있다.'가 글의 요지가 된다.

**서술형 문제 해설** 성공하고 싶다면, 명확한 목표를 세우고 단계적인 계획을 세우라고 했다.

### Word Check
p.39

| | | |
|---|---|---|
| 1 in | 2 improve | 3 relax |
| 4 attitude | 5 spends | 6 creative |
| 7 naturally | 8 failure | 9 skill |
| 10 goal | 11 considerate | 12 ④ |

**해석** 1 Paul은 요리하는 것을 배우는 데 관심을 갖게 되었다.
2 나는 내 영어를 향상시키고 싶어서 자주 영어로 된 영화를 본다.
3 나는 책을 보면서 휴식을 취하는 것을 좋아한다.
4 Sue는 배움에 있어 좋은 태도를 가지고 있다.
5 Mary는 책 사는 데 많은 돈을 쓴다.
6 Matt은 매우 창의적이고 게임 만드는 것을 좋아한다.
9 기술: 어떤 것을 아주 잘하는 능력
10 목표: 하려고 하거나 달성하려는 것
11 배려하는: 항상 다른 사람들의 감정이나 필요에 대해 관심을 가지는
12 우리 아버지는 월요일부터 금요일까지 일하신다. / Smith 부인은 일할 것이 많아서 도움이 필요하다. / 그의 계획이 효과가 있어서 그는 곧 캐나다로 떠날 것이다.

**문제 해설** 7 형용사 – 부사 관계
8 반의어 관계
12 work: 일하다; 일; 효과가 있다

# Unit 05 글의 요약문 완성

## Example ⑤

p.41

해석 호주의 날은 1788년 영국인들이 처음으로 시드니에 온 날이다. 그것은 1월 26일에 기념된다. 호주의 사람들은 퍼레이드와 원주민 댄스 그리고 호주 시민이 되는 마지막 단계인 시민권 축하행사를 포함한 국가적인 기념행사를 연다. 반면 다른 사람들은 그날을 침략의 날이라고 부른다. 그들은 원주민들의 평등한 권리를 위한 항의 시위를 가지기 위해 모이는데, 원주민들은 그 침략이 있기 오래 전에 호주에서 살았었다.
→ 많은 호주인들은 호주의 날을 그 나라의 삶의 방식, 문화, 성취를 기념하는 <u>기회</u>로 보지만 일부 원주민들은 그들이 자신들의 권리를 <u>잃었다</u>고 생각한다.

## ✕ PRACTICE

1  1 ③  2 Helen speaks English better than Kate.
2  1 ⑤  2 began, in, 1998
3  1 ①  2 Read → Reading[To read]
4  1 ④  2 to, eat
장문 독해  1 ⑤  2 exercise, 5~6, hours

## PRACTICE 1

p.42

1 ③  2 Helen speaks English better than Kate.

해석 만약 당신이 5시간 동안 연속으로 일을 해왔다면 당신의 집중력을 향상시키는 최선의 방법은 휴식을 취하는 것이다. 당신이 뛰고 신체에 연료를 주지 않으면 당신은 쓰러질 것이다. 일부 의미 없는 오락 활동이 당신의 집중력에 긍정적인 영향을 줄 수 있다. 예로, 낮잠을 자라. 짧은 매일의 낮잠이 당신이 경계심과 기억력 그리고 인지수행을 향상시키는 것을 도울 것이다. 혹은 잠깐 시간을 내서 당신의 소셜 미디어를 체크해라. 만약 내용이 즐겁다면 당신의 휴식효과는 더 커서 생산성을 높일 것이다.
→ 휴식을 갖는 것은 당신이 일을 계속할 에너지를 <u>다시 얻게</u> 도와줌으로써 당신의 일 <u>효율성</u>을 높여줄 것이다.
문제 해설 계속 일만 하면 능률이 오르지 않고 오히려 중간에 잠시 쉬는 시간을 가지는 것이 집중력에 더 도움이 된다고 했으므로 일하면서 휴식을 가지는 것은 계속 일할 에너지를 다시 얻게 해줌으로써 일의 효율성을 올려줄 것을 추론할 수 있다.
서술형 문제 해설 '영어를 잘 말한다.'는 'speak English well'인데 well의 비교급은 better이며 비교급 뒤에는 than을 쓴다.

## PRACTICE 2

p.43

1 ⑤  2 began, in, 1998

해석 미국과 러시아는 1998년에 ISS(국제 우주 정거장)를 짓기 시작했다. 이 우주 정거장은 350킬로미터 높이에서 지구의 궤도를 돈다. 그곳에는 중력이 없기 때문에, 많은 과학 실험을 하기에 완벽한 장소이다. 전 세계 14개국의 우주 비행사들이 ISS에서 살면서 일해 오고 있다. 그들 중 일부는 실험에서 흥미로운 결과를 얻었다. 그리고 그들은 바로 지금도 새로운 것을 알아내기 위해 계속 ISS에서 흥미로운 과학 관련 일을 하고 있다.
→ 전 세계의 우주 비행사들이 ISS에서 살면서 <u>연구</u>를 한다. 그들은 그곳에서 중요한 과학적 <u>발견</u>을 한다.
문제 해설 세계 여러 나라에서 온 우주 비행사들이 ISS에서 과학 실험을 하고 있고, 새로운 것들을 발견하기 위해 계속 연구하고 있다고 했으므로 scientific experiments는 research에 해당하며, good results, new things는 연구를 통해 '발견된 것들'이므로 discoveries이다. 따라서 ⑤가 정답이다.
서술형 문제 해설 미국과 러시아는 1998년에 ISS(국제 우주 정거장)를 짓기 시작했다.

## PRACTICE 3

p.44

1 ①  2 Read → Reading[To read]

해석 여러분은 어떤 무리에 속할 때, 그 무리의 사람들처럼 되기 위해 바뀌어야 한다는 압박을 느낀다. 친구들이 어떤 스타일의 옷을 입으면, 여러분도 그래야 한다고 느낀다. 그렇지 않으면 그들이 여러분을 받아들이지 않을지 모른다. 일반적으로 이건 문제가 되지 않는다. 그러나 어떤 것이 잘못되었다고 생각될 때는 어떤가? 친구들이 그것이 옳다고 주장한다면, 여러분은 그들 의견에 동의해야 한다고 느낀다. 그러나 여러분은 여러분의 도덕심에 충실해야 한다. 친구들을 사귀는 것은 매우 중요하지만, 무슨 대가를 다 치르면서까지는 아니다.
→ 우리는 종종 무리에 속할 필요성과 우리가 그들과 같이 되도록 <u>맞추라</u>는 무리의 요구 사이에 <u>선택</u>해야만 한다.
문제 해설 사람들은 무리에 속해야 하는 필요성이 있어 무리에 들어가지만, 무리 속 사람들과 비슷하도록 자신을 바꾸어야 한다는 압박감 속에서 느낄 수 있는 갈등에 대해 설명하고 있다. 그래서 첫 문장과 마지막 문장을 종합해 보면 요지가 나온다. 즉 종종 무리에 속할 필요성과 그들과 같이 되도록 '맞추라'(adapt)는 무리의 요구 사이에 '선택해야'(choose)만 한다. 따라서 ①이 정답이다.
서술형 문제 해설 '책을 읽는 것'이 문장의 주어이므로 동명사(또는 to부정사)로 쓴다.

## PRACTICE 4

p.45

1 ④  2 to, eat

해석 바다거북은 생태계에, 특히 바다에서 중요하다. 그들은 해초를 먹어서 그것이 해저에 널리 자라도록 돕는다. 건강한 해초 밭은 많은 바다 동물들에게 보금자리를 제공한다. 그러므로 바다거북 없이는 우리가 먹는 해양 동물들은 먹이사슬에서 사라질 것이다. 바다거북이 전 세계의 많은 지역에서 멸종했기 때문에 해양에서 큰 변화들이 일어나고 있다. 바다거북은 인간이 일으킨 위협 때문에 멸종 위기에 몰렸다. 이제 미래를 위한 건강한 해양생물을 보장하기 위해 바다거북의 개체 수를 복원해야 할 때이다.
→ 바다거북은 우리 생태계에서 아주 <u>중요한</u> 역할을 하기 때문에 우리는 우리 자신을 위해 바다거북의 개체를 <u>회복</u>해야 할 필요가 있다.
문제 해설 바다거북은 해초를 먹어서 해양환경을 좋게 만들고 그래서

**8** Reading 16 Level 1

우리가 먹는 해양 동물이 잘 자라게 해준다. 바다거북이 전 세계적으로 멸종 위기에 처하게 되었으므로 더 늦기 전에 개체 수를 복원해야 한다는 내용이다.

**서술형 문제 해설** 앞의 something 이라는 명사를 수식하는 형용사적 용법의 to부정사를 써서 to eat으로 써야 한다.

## 장문 독해 p.46

**1** ⑤ **2** exercise, 5~6, hours

**해석** 점점 더 많은 사람들이 건강에 관해 관심을 가지지만, 많은 사람들이 여전히 운동하지 않는다. 한편, 어떤 사람들은 운동에 너무 많이 빠져든다. 그들은 힘든 운동을 한 후, 아주 좋은 "행복감"을 느낀다. 그들은 에너지가 많다. 그들은 그 기분을 좋아한다. 그래서 그들은 "일주일에 5시간 운동하는 것이 나를 건강하게 만들어 주면, 그러면 15시간이 훨씬 더 낫지!"라고 생각한다. 그러나 너무 많은 운동은 좋기보다는 더 해로울 수 있다. 신체는 운동에서 회복할 시간이 필요하다. 몇몇 십 대들은 일주일에 15시간 이상 운동을 한다. 그러나 그들은 3.5시간 운동하는 사람들보다 더 큰 행복감을 느끼지 못한다. 의사들은 일주일에 5~6시간 운동을 하라고 권장한다. 그러나 14시간 이상은 되지 말아야 한다. 우리는 좋은 것도 너무 지나치게 해서는 안 된다.
→ 어느 정도의 운동은 이롭지만, 자신을 너무 힘들게 그리고 너무 오랜 시간 밀어붙이는 것은 건강에 좋지 않을 수 있다.

**문제 해설** 글의 주제가 한 문장으로 나타나 있지 않은 글이다. 하지만 핵심적인 내용을 정리한 문장들이 곳곳에 보인다. 이를 종합해 보면, 일정량의 운동은 '이롭다'(beneficial), 하지만 너무 오랜 시간 힘들게 운동하는 것은 '건강에 좋지 않을'(unhealthy) 수 있다는 내용이므로 ⑤가

답이 된다.

**서술형 문제 해설** 의사들은 일주일에 5~6시간 운동을 하라고 권장한다.

---

### Word Check p.47

| | | |
|---|---|---|
| 1 good | 2 international | 3 helpful |
| 4 in | 5 off | 6 to |
| 7 useless | 8 important | 9 wrong |
| 10 accept | 11 wellbeing | 12 ② |

**해석** 1 나는 컴퓨터가 유용하다고 생각한다. 그것들은 우리에게 이롭다.
2 우리는 50개국에서 왔다. 우리는 국제 캠프에 참가하고 있다.
3 이 스마트폰은 매우 유용하다.
4 우리가 탐닉할 수 있는 것들이 너무 많다.
5 너는 지금 그것을 해야 해. 그것을 미루지 마.
6 우리는 B 그룹에 속한다.
9 틀린: 옳지 않은
10 받아들이다: 누군가가 주는 것을 받다
11 복지, 행복: 행복하고 건강한 기분
**문제 해설** 7 반의어 관계
8 유의어 관계
12 ① 빈도를 나타내는 부사 ③ 시간의 단위를 나타내는 어휘 ④ 감정을 나타내는 어휘 ⑤ 수를 나타내는 어휘 / ② 모두 직업명인데 orbit은 '궤도를 돌다'라는 의미의 동사이다.

---

## Unit 06 글의 주장 파악 (1)

### Example ① p.49

**해석** 요즘 폐쇄 회로 TV 카메라(CCTV 카메라)는 대부분의 상점에 있다. 이것들은 또한 거리나 교통 신호등 같은 공공장소에도 있다. 이것은 좋은 방법이다. 누군가 법규를 위반하면, 경찰이 누가 저질렀는지 알아내기 위해 영상을 본다. 이 카메라들은 또한 범죄를 막는다. 자주 범죄자들은 카메라들이 그들을 보고 있다는 것을 알고 나쁜 짓을 저지르지 않는다. CCTV 카메라는 또한 사람들이 상점에서 물건들을 훔치는 것을 방지한다. 그러므로 우리는 CCTV 카메라를 공공장소에 더 많이 설치해야 한다.

#### ✕ PRACTICE

1 **1** ② **2** ate → eat
2 **1** ⑤ **2** After-school activities
3 **1** ② **2** more interested in different things than their parents
4 **1** ⑤ **2** is, able
**장문 독해 1** ② **2** me

### PRACTICE 1 p.50

**1** ② **2** ate → eat

**해석** 식품 회사들은 통조림이나 병에 라벨을 붙인다. 이 라벨들은 식품에 들어 있는 모든 성분을 열거해야 한다. 무엇을 먹는지 알기 위해서는 라벨을 읽는 것이 중요하다. 예를 들면, 음식에 너무 많은 당분이 있다는 것을 알면, 그것을 사는 것을 피할 수 있다. 혹은 섬유질을 더 많이 섭취해야 하면, 섬유질이 더 많이 든 식품을 살 수 있다. 그러면 여러분은 더 건강하게 음식을 섭취하게 될 것이다. 라벨 읽는 것을 신경 쓰지 않으면, 결국 정크푸드를 먹게 될 수도 있다.

**문제 해설** It's important to read labels so that you know what you're eating.에서 라벨을 읽어야 하는 중요성에 대해 말하고 있다. 이어 구체적인 예시를 들면서 라벨을 확인하고 건강에 좋은 음식 섭취를 하라는 내용이 전개되고 있다. 따라서 ② '식품 라벨을 읽고 음식 섭취를 관리해야 한다.'가 필자의 주장에 해당한다.

**서술형 문제 해설** 「must + 동사원형」으로 쓴다.

## PRACTICE 2

p.51

**1** ⑤  **2** After-school activities

**해석** 방과 후 동아리나 활동에 참여하는 것은 좋은 생각일 수 있다. 여러분은 즐거운 것을 할 수 있다. 여러분은 또한 같은 것을 하기를 좋아하는 다른 사람들을 만나게 된다. 그러나 가입하기 전에 생각해 봐라: 매주 시간이 얼마나 걸릴 것인가? 숙제를 끝내느라 밤늦게까지 안 자게 될까? 왔다 갔다하는 데 교통편은 구할 수 있을까? 마지막으로 새로운 기술을 배우는 게 얼마나 힘들까? 그 활동들과 학업 사이의 균형을 찾을 수만 있다면 방과 후 활동은 좋다.

**문제 해설** 방과 후 활동에 참여하는 것은 좋지만, 고려해야 할 요소가 많다고 말하고 있다. 그리고 이런 요소들을 고려해야 하는 이유는 방과 후 활동에 너무 치우치지 않고 학업과의 사이에 균형을 유지해야 하기 때문이라고 말하고 있다. 즉 마지막 문장에 글쓴이의 의견이 드러나 있다. 그러므로 ⑤ '학업과 방과 후 활동 사이에 균형을 유지해야 한다.'가 정답이다.

**서술형 문제 해설** 바로 앞에서 말한 After-school activities(방과 후 활동들)를 가리킨다.

## PRACTICE 3

p.52

**1** ②  **2** more interested in different things than their parents

**해석** 모든 언어에는 속어들이 있다. 십 대들은 자신들의 부모들과 다른 것에 더 관심이 많아서 그들은 새 속어들을 사용한다. 그리고 종종 부모들은 그것들을 이해하지 못한다. 많은 십 대들은 성인들의 언어 규칙에 반항하는 것이 멋지다고 느낀다. 이것은 정상적이고 괜찮다. 그러나 욕과 "더러운 말"을 사용하는 것은 좋지 않다. 이런 종류의 언어는 무례하고 실례된다. 그리고 그것은 다른 사람들의 기분을 상하게 할 수 있다. 혹은 그들은 여러분 주위에 있고 싶어 하지 않을 수도 있다. 그러므로 말을 조절하는 것을 배우는 것이 중요하다.

**문제 해설** 서두 부분에서 십 대들이 속어를 사용하는 것은 정상이고 괜찮다고 한 후, But 이후에 욕 같은 무례한 언어는 사용하지 않는 것이 좋다고 말하고 있다. 그리고 마지막 문장에서 '말을 조절하는 것이 중요하다.'고 했으므로 ② '십 대들은 언어를 순화해서 사용해야 한다.'가 답이 된다.

**서술형 문제 해설** 두 번째 문장의 so는 '그래서'라는 의미로 결과를 나타낸다. 따라서 so 앞에 있는 내용이 십 대들이 새 속어를 사용하는 이유가 된다.

## PRACTICE 4

p.53

**1** ⑤  **2** is, able

**해석** 따분한가? 해결책은 취미를 시작해 보는 것일 수 있다. 그 취미가 여러분이 즐기는 것이라면 좋지만, 여러분은 또한 도전적인 취미를 택해 봐야 한다. 그것들은 여러분을 개인적으로 나아지게 할 수 있다. 예를 들면, 수줍음을 많이 탄다면, 자신감을 얻기 위해 학교 토론 동아리에 가입해라. 참을성이 없다면, 목각으로 참을성을 배워라. 정말로 취미를 시작해라. 그것에 관해 할 수 있는 모든 것을 배워라. 그리고 그것이 어려울 때조차 그것을 계속해라. 그것은 여러분에게 성실하게 되는 것을 가르쳐 줄 것이고, 그것은 또 하나의 덕목이다.

**문제 해설** 필자는 두 번째 문장에서 도전적인 취미를 해 보는 게 좋겠다는 의견을 말한 후, For example로 예를 들어 설명하고 있다. 즉 도전적인 취미를 통해 자신의 단점을 보완할 수 있도록 해 보라는 주장을 펼치고 있으므로 ⑤ '스스로를 발전시킬 수 있는 도전적인 취미를 가져라.'가 정답이다.

**서술형 문제 해설** '~할 수 있다'는 의미의 can은 be able to로 바꾸어 쓸 수 있다.

## 장문 독해

p.54

**1** ②  **2** me

**해석** 요즘, 가족들은 참으로 바쁘다. 종종 아빠는 직장에서 귀가했을 때 매우 피곤하다. 그는 그저 쉬면서 텔레비전을 보고 싶어한다. 그리고 엄마도 집을 청소하고 저녁을 짓고나면, 역시 피곤하다. 아이들이 학교에서 집에 오면, 쉬고 싶어 하고 비디오 게임을 하거나 혹은 인터넷을 하고 싶어 한다. 그리고 물론, 그들은 할 숙제가 있다. 그래서 가족들은 보통 서로 대화하며 시간을 보내지 않는다. 이러한 사실이 슬프다. 우리는 이점에 관해 무엇을 할 수 있는가? 우리는 우리가 할 수 있는 만큼 자주 서로 대화해야 한다. 예를 들면, 우리는 식사를 하는 동안 이야기할 수 있다. 또한 우리는 어떤 날 저녁에는 우리가 하고 있는 것을 멈추고 함께 보게 임을 할 수도 있다. 이것은 재미있고, 우리에게 대화를 나눌 기회를 준다.

**문제 해설** 도입 부분에서 현대의 가족들은 바쁘다고 말한 다음, 그 현상에 대해 설명하고 있다. 그리고 중반 이후 이에 대해 무엇을 할 수 있겠는지 문제를 제기한 후 필자의 주장을 펼치고 있다. 가족 간에 자주 대화를 나눌 수 있는 기회를 만들어야 한다는 의견을 말하고 있으므로 ② '바쁜 현대에 가족 간의 대화를 늘려야 한다.'가 필자의 주장에 해당한다.

**서술형 문제 해설** 「수여동사 + 간접목적어 + 직접목적어」의 구문을 쓸 때 간접목적어 자리에 대명사가 올 때에는 목적격 대명사가 필요하다.

## Word Check

p.55

| | | |
|---|---|---|
| 1 understand | 2 join | 3 out |
| 4 between | 5 rude | 6 different |
| 7 France | 8 label | 9 airport |
| 10 hurt | 11 chance | 12 hard |

**해석** 1 나는 그 단어의 뜻을 이해하지 못한다.

2 우리는 내일 하이킹하러 갈 거야. 우리와 함께 하지 않을래?

3 나는 그가 그녀에게 거짓말을 했다는 것을 알게 되었다.

4 병과 컵 사이에 사과가 한 개 있다.

10 감정을 상하게 하다: 누군가를 언짢거나 기분이 상하게 느끼도록 만들다

11 기회: 유리한 때 또는 기회

12 모든 바위는 딱딱하다. / Susan은 시험에 합격하기 위해 열심히 공부했다. / 그것은 힘든[어려운] 일이어서 나는 마침내 포기했다.

**문제 해설** 5 유의어 관계

6 반의어 관계

7 불어는 French이다.

8 ingredient는 '재료'이고 label은 '상표'이다.

9 airport는 '공항'으로 transportation(대중교통) 수단에 속하지 않는다.

# Unit 07 글의 주장 파악 (2)

## Example ②
p.57

**해석** 일본은 국민들의 긴 수명으로 잘 알려져 있다. 그 나라는 100살 이상의 사람들이 거의 70,000명이 있다고 2017년 정부가 발표했다. 한 연구는 식단이 주요 요인이라는 것을 발견했다. 일본 국립보건센터는 일본 정부가 출간한 식품 지침을 엄밀히 따른 사람들이 그들의 동년배들보다 더 건강하다는 것을 발견했다. 또 다른 요인은 일본의 노인 세대의 삶의 방식이다. 많은 노인들은 경제적 필요성보다는 자진해서 계속 일을 한다. 그들은 지역사회의 활동에 참여하는 데 더 많은 시간을 보냄으로써 활동적인 상태를 유지한다.

### ✕ PRACTICE

1  1 ④  2 help, wash
2  1 ②  2 It, to
3  1 ⑤  2 learn, new, word
4  1 ④  2 that
장문 독해  1 ⑤  2 to, stop, violent

## PRACTICE 1
p.58

1 ④  2 help, wash

**해석** 여러분은 우리가 많이 놀면 그저 어리석게 될 것이라고 생각할지 모른다. 그러나 직원들에게 열심히 일하고 더 열심히 놀라고 권하는 몇몇 회사들이 있다. 놀이는 우리의 뇌를 재충전시키며, 우리의 상상력을 자극하고, 우리를 더 창의적으로 만들어 준다고 그들은 생각한다. 그것은 우리가 문제를 해결하도록 도와준다. 게다가, 노는 것은 스트레스를 풀어 주며, 일이 더 즐겁도록 만들어 준다. 마지막으로 놀이는 우리가 다른 사람들과 잘 지내도록 도와준다. 그리고 우리는 이런 삶 속에서 성공하기 위해 다른 사람들과 잘 지낼 필요가 있다.

**문제 해설** 놀이를 통해 좀 더 창의적이 될 수 있다는 점, 그리고 놀이를 통해 다른 사람들과 관계를 발전시켜 성공에 도움이 되도록 할 수 있다고 하며 놀이의 필요성에 대해 주장하고 있다. 따라서 글쓴이의 주장이 가장 잘 나타난 선택지는 ④ '좀 더 창의적으로 되고 성공하려면 놀아라.' 이다.

**서술형 문제 해설** '~가 …하는 것을 돕다'라는 의미를 나타낼 때는 「help + 목적어 + 목적격 보어(동사원형/to부정사)」의 구문을 활용한다.

## PRACTICE 2
p.59

1 ②  2 It, to

**해석** 어떤 학생들은 선천적으로 수줍음을 타지만, 우리 모두 의견을 나눌 필요가 있다. 그러므로 우리는 토론을 더 잘하기 위해서 연습해야 한다. 그러나 "토론"이 단지 생각을 말하는 것만은 아니다. 다른 학생들이 하는 말을 주의 깊게 듣는 것도 중요하다. 그들이 말을 마치는 것을 기다리고, 그들을 방해하지 마라. 그리고 그들이 여러분의 의견에 동의하지 않는다고 해서 상대방 말소리가 들리지 않을 정도로 소리치지 마라. 그들을 이해하지 못하면 설명해 달라고 요청해라. 그 다음 여러분의 순서가 되었을 때, 예의 바르고 침착하게 말해라.

**문제 해설** 도입 부분에서 서로 의견을 나누는 것의 중요성에 대해 언급한 다음, Therefore, we need to practice so that we become better at discussing things.에서 필자의 주장을 전달하고 있다. 이어 구체적으로 토론을 잘하는 방법에 대해 설명하고 있으므로 ② '토론을 잘하는 요령을 익혀야 한다.'가 정답이다.

**서술형 문제 해설** 학교에 걸어서 가는 것(to walk to school)이 진주어로 문장 뒤쪽으로 간 것이므로 주어 자리에는 가주어 It을 써야 한다.

## PRACTICE 3
p.60

1 ⑤  2 learn, new, word

**해석** 당신은 "bestie"가 무슨 뜻인지 아는가? 그렇지 않다면 빠르게 변하는 세상에서 뒤로 처질지 모른다. 사람들이 무엇에 관해 말하는지 이해하고 싶으면, 새로운 단어를 계속 배워라. 매일 1개의 새로운 단어를 배우기로 하는 게 어떤가? 그것은 당신이 자주 사용하지 않는 "큰 단어"가 될 수도 있다. 그것은 속어 표현일 수도 있다. 그것은 기술적인 컴퓨터 용어일 수도 있다. 그러나 어휘를 확장시켜라. 그러면, 여러분은 세상에 대한 안목을 넓히고 더 잘 이해할 수 있게 된다.

**문제 해설** 마지막 문장에 글의 요지가 잘 나타나 있다. 즉 '계속 새로운 단어를 익히면 세상에 대한 이해를 더 잘 할 수 있다'는 내용으로, 필자는 이를 통해 ⑤ '세상에 대한 안목을 넓히기 위해 매일 새로운 단어를 익혀라.'라고 주장하고 있다.

**서술형 문제 해설** 매일 1개의 새로운 단어를 배우는 것을 제안하고 있다. 그러면 어휘를 확장시킬 수 있다고 했다.

## PRACTICE 4
p.61

1 ④  2 that

**해석** 여러분은 "음악 강습이나 스포츠 동아리는 좋은 과외 활동이다. 그것들은 여러분의 미래 직업에 도움이 될 수 있다."라는 말을 늘 듣는다. 사실이다. 하지만 최근 연구에 따르면 십 대들이 할 수 있는 가장 좋은 것은 독서이다. 십 대 소녀들이 적어도 일주일에 한 번 독서하면 그들 중 39퍼센트가 33세의 나이에 관리자나 전문가가 되었다. 책을 읽지 않으면 그들 중 25퍼센트만이 그렇게 될 것이다. 소년들의 수치는 58퍼센트와 48퍼센트였다. 독서는 생각하는 기술을 발달시키고 성공으로 이끈다.

**문제 해설** 필자는 한 연구 결과를 근거로 들면서 자신의 의견을 피력하고 있다. 즉 십 대에게 가장 좋은 과외 활동은 독서이며, 독서를 많이 한 학생들이 후에 더 빠르게 혹은 더 많이 성공했다고 말하고 있다. 십 대들이 독서를 해야 하는 필요성에 대해 주장하고 있으므로 ④ '장래의 성공을 위해 십 대들은 독서를 해야 한다.'가 정답이다.

**서술형 문제 해설** that절이 타동사 know의 목적어로 쓰였으므로 접속사 that은 생략 가능하다.

## 장문 독해
p.62

1 ⑤  2 to, stop, violent

**해석** 나는 밤새 게임을 하곤 했다. 그것들은 내 문제들로부터 마음을 앗

아갔다. 내가 누군가에게 화가 나면 나는 "1인칭 슈팅 게임"을 좋아했다. 게임 중 어떤 것들은 유혈이 낭자했지만, 나는 상관하지 않았다. 수백 명의 사이버 사람들을 "사격한" 후에 나는 더 이상 화가 나는 감정이 느껴지지 않았다. 그러나 어느 날 우리 학교의 한 남자애가 친구들을 두들겨 팼다. 그 남자애는 많은 폭력적인 게임을 하곤 했다. 그것은 내게 충격을 주었다. 나는 폭력적인 게임이 폭력을 용인할 수 있는 것으로 가르쳐 준다는 것을 깨달았다. 어떤 사람들은 게임에서 다른 사람들을 다치게 하는 것을 즐기는 것을 배우고, 그 다음 현실 세계에서 진짜로 그 행동을 한다. 게임 회사가 그런 폭력적인 게임을 생산하지 않으면 좋을 것이다. 그래서 나는 우리가 그 회사들에게 폭력적인 게임 만드는 것을 중단하라고 촉구해야 한다고 생각한다. 그리고 우리는 그들의 게임을 사지 말아야 한다.

**문제 해설** 도입 부분에서는 게임이 필자에게 긍정적인 작용을 하는 점에 대해 언급하고 있지만, 중간 부분에서 실제 있었던 사례를 통해 바뀐 필자의 생각을 전달하고 있다. 즉 폭력성 짙은 게임을 하던 친구가 다른 친구들에게 폭력을 휘두르자, 게임의 악영향에 충격받은 필자가 게임에 대한 태도를 바꾸었고, 게임 회사들이 지나치게 폭력적인 게임의 생산을 중단해야 한다는 주장을 펼치고 있다. 따라서 ⑤ '폭력성 높은 게임 생산의 중단을 촉구해야 한다.'가 정답이다.

**서술형 문제 해설** 비디오 게임 회사들이 폭력적인 게임을 만드는 것을 중단하기를 원하는 것이므로 「want + 목적어 + to부정사」의 5형식 구

문을 활용해서 써야 한다.

**해석** 1 책은 여러분의 사고를 넓혀 준다.
2 우리는 이 문제에 대해 우리의 의견을 공유해야 한다.
3 Sean은 Mary에게 공손하게 그녀의 전화번호를 물어봤다.
6 깨닫다: 명확하게 알다
7 폭력적인: 다른 사람들을 다치게 할 것 같은
8 뇌: 생각, 감정, 움직임 등을 지배하는 머릿속의 기관
9 Jane은 늘 엄마에게 자신의 생각을 말한다. / 문 좀 열어주시겠어요?
10 나는 네 의견에 동의하지 않아. / 그들은 서로 잘 지내지 않는다.
11 지나치게 많이 노는 것은 문제를 일으킨다. / 나는 야구를 하곤 했지만, 이젠 더 이상 하지 않는다.

**문제 해설** 4 반의어 관계
5 동사 – 명사 관계

# Unit 08 글의 목적

## Example ①                                    p.65

**해석** 여기 Bill의 취미 가게에는 많은 다양한 취미 용품들이 있습니다. 물건을 수집하는 것을 좋아하나요? 우리는 야구 카드부터 오래된 우표, 특이한 동전까지 모든 것을 취급합니다. 모형 비행기 만드는 것을 좋아하나요? 우리는 붙여서 만들 수 있는 많은 흥미로운 모형들을 갖고 있습니다. 소묘나 그림을 즐기나요? 우리는 온갖 종류의 미술 연필과 종이, 그리고 많은 다양한 색깔의 물감을 취급합니다. 오늘 메인 스트리트 4889번지에 있는 Bill의 취미 가게로 오세요. 필요하신 모든 것을 갖고 있습니다!

### ✖ PRACTICE

1  1 ①    2 the firefighters their burgers
2  1 ②    2 (a) (the) Earth (b) your parents
3  1 ④    2 an interview for an acting job
4  1 ⑤    2 feeling → feel
**장문 독해**  1 ⑤    2 going to go to the movies

## PRACTICE 1                                    p.66

**1** ①    **2** the firefighters their burgers

**해석** 며칠 전에 나는 패스트푸드 식당에서 두 소방관이 줄을 서서 기다리고 있는 것을 보았다. 그들은 거기서 점심을 기다리고 있는 다른 사람들처럼 행복해 보였다. 갑자기, 밖에 주차되어 있던 그들의 소방차에서

사이렌이 울렸다. 그들이 떠나려고 돌아섰을 때, 한 노부부가 그들의 햄버거를 소방관들에게 건네주었다. 그리고 나서 그 부부는 다시 주문하기 위해 돌아가서 줄을 섰다. 그들의 친절함에 감명을 받은 매니저는 그들의 돈을 받기를 거부했다.

**문제 해설** 한 노부부가 화재 때문에 다급하게 출발하느라 식사가 어려워진 소방관들을 위해 자신의 음식을 양보하는 내용의 글이다.

**서술형 문제 해설** 4형식 문장은 간접목적어(~에게)와 직접목적어(~을)를 가지며 3형식으로 바꾸면 직접목적어를 먼저 쓰고 간접목적어를 뒤에 쓰며 간접목적어 앞에 to, for, of와 같은 전치사를 쓴다.

## PRACTICE 2                                    p.67

**1** ②    **2** (a) (the) Earth (b) your parents

**해석** 매년 4월 22일은 지구의 날이다. 이날 우리는 우리가 지구를 보호할 수 있는 방법에 관해 생각해 보기 위해(하던 일을) 멈추어야 한다. 이것은 우리가 갖고 있는 유일한 세상이다. 우리가 이것을 파괴하면 우리에게 남아 있는 것이 아무것도 없게 될 것이다. 그러므로 우리 행성을 보호하기 위해 여러분이 할 수 있는 것에 관해 배워라. 부모님께 지구의 날 네트워크 웹사이트에 가 보시라고 말해라. 그들이 돈을 기부하면, 네트워크의 사람들이 중요한 메시지를 펼치는 것을 도와주게 될 것이다. 여러분은 또한 선물도 받을 수 있다.

**문제 해설** 글의 목적을 후반부에 밝히고 있다. 돈을 기부하면 the Earth Day Network가 하는 일을 돕게 될 것이며, 기부를 하면 선물도 받는다(You can also receive a gift.)고 했으므로 ② '기금 기부를 권장하려고'가 정답이다.

서술형 문제 해설 (a) 우리가 '지구'를 파괴하면 우리에게 남아 있는 것이 아무것도 없게 될 것이다. (b) '여러분의 부모님'이 돈을 기부하면, 네트워크의 사람들이 중요한 메시지를 펼치는 것을 도와주게 될 것이다.

## PRACTICE 3
p.68

**1** ④ **2** an interview for an acting job

해석 오디션은 연기 직업을 위한 면접이다. 대부분의 십 대들은 오디션에 닥치면 걱정한다. 그러나 긴장을 풀어라! 여기 여러분이 성공하도록 도울 몇 가지 조언이 있다:
• 연기하고 싶은 인물에 관해 할 수 있는 모든 점을 배워라.
• 감독이 만든 다른 영화를 포함하여 감독에 관해 배워라.
• 가장 멋지게 보이도록 노력해라. 하지만 외모에 대해서는 걱정하지 마라.
• 나이가 든 척하지 마라. 자연스럽게 연기해라.
• 크게 말해라. 공손해라. 하지만 부끄러워하지 마라.
이 조언들을 따르면, 여러분은 그 오디션을 통과할 것이다!

문제 해설 오디션을 앞둔 십 대들을 위해 성공할 수 있도록 정보를 주겠다(Here are some tips to help you succeed)고 한 다음, 구체적으로 오디션을 잘 받는 요령에 대해 설명하고 있으므로 ④ '오디션을 위한 조언을 주려고'가 글의 목적으로 적합하다.

서술형 문제 해설 오디션은 '연기 직업을 위한 면접'이다.

## PRACTICE 4
p.69

**1** ⑤ **2** feeling → feel

해석 Watkins 선생님께,
저는 사과드리고 싶었어요. 저는 정말 기분이 안 좋아요. 제가 선생님의 케이크를 교실 안으로 들고 갈 때, 춤추기 시작했어요. 왜 그랬는지 저도 모르겠어요. 하지만 실수였어요. 그래서 저는 발을 헛디뎌 케이크를 바닥에 떨어뜨리고 말았어요. 아무것도 드시지 못하게 되어 죄송해요. 저를 용서해 주시길 바랍니다. 제가 그것을 떨어뜨리기 전에 Sally가 사진을 한 장 찍었어요. 여기 사진 복사본이에요.
이것으로 선생님의 기분이 좀 나아지시기를 바랍니다.
Bert Jones

문제 해설 첫 문장 I wanted to apologize.에서 편지를 쓰는 목적을 밝히고 있다. 사과하고 싶다고 했고 자신이 저지른 잘못이 고의가 아니었음을 설명한 후, Watkins 선생님의 기분이 풀어지기를 바라는 마음을 마지막에 전달하고 있다. 따라서 ⑤ '자신이 저지른 실수에 대해 사과하려고'가 정답이다.

서술형 문제 해설 「사역동사 + 목적어 + 동사원형」으로 쓰이므로 목적격 보어 자리에 현재분사는 올 수 없다.

## 장문 독해
p.70

**1** ⑤ **2** going to go to the movies

해석 학교 장기자랑 대회가 가까이 다가왔습니다. 참가할 계획인가요? 뭘 할 건가요? 몇 가지 아이디어를 줄게요. 그것들이 여러분이 무엇을 할지 결정하는 데 도움이 될 거예요. 노래를 잘하면, 팝송, 재미있는 노래, 혹은 오페라 곡까지도 부를 수 있어요. 춤추는 걸 좋아하나요? 힙합 춤, 민속 무용, 사교댄스까지도 춰 보세요. 미술 묘기로 관객들을 "열광시키게 하는 것"은 어때요? 인터넷에서 미술 묘기에 대한 몇 가지 아이디어를 구할 수 있어요. 유머 감각이 좋다면, 재미있는 이야기를 말해 주세요. 혹은 의상을 입고 극적인 움직임을 하면서 시를 낭송해 보세요. 여러분이 잘하는 것을 찾아 해 보세요!

문제 해설 다가온 장기자랑 대회에 대해서 언급한 다음, 무엇을 계획했는지 물은 데 이어 Let me give you some ideas.에서 장기자랑 아이디어를 주겠다고 글의 목적을 밝히고 있다. 이어 구체적으로 여러 가지 아이디어를 제시한 다음, 마지막에 잘하는 것을 찾아 해 보라고 말하며 마무리 짓고 있으므로 ⑤ '장기자랑 아이디어를 주려고'가 글의 목적이 된다.

서술형 문제 해설 「be going to + 동사원형」을 활용해서 가까운 미래의 계획에 대해 말할 수 있다.

## Word Check
p.71

| | | |
|---|---|---|
| 1 nothing | 2 pretend | 3 while |
| 4 unusual | 5 character | 6 carry |
| 7 refuse | 8 movement | 9 miss |
| 10 respectful | 11 donate | 12 ④ |

해석 1 상자 안에 아무것도 없다. 그것은 비어 있다.
2 나는 여자아이들 앞에서 왕자인 척할 것이다.
3 그녀는 설거지를 하는 동안 전화를 받고 있다.
4 그녀는 특이한 것들을 수집하는 것을 좋아한다.
5 Voldemort는 'Harry Potter'에서 중요 등장인물이다.
6 그는 올해 배낭을 들고 다닐 것이다.
9 놓치다: 어떤 것을 잡지 못하다
10 공손한: 예의 바르거나 존경을 나타내는
11 기부하다: 도움이 필요한 사람이나 기관에 돈이나 유익한 재능을 주다
12 Arthur는 자신의 팬으로부터 많은 편지들을 받을 것이다.

문제 해설 7 반의어 관계
8 동사 – 명사 관계
12 get = receive (받다)

---

# Unit 09 연결사 넣기

## Example ①
p.73

해석 청량음료("탄산수"나 "소다수"라고도 또한 불림)는 여러분의 건강에 큰 위협이 되는 것이다. 과거에는 십 대들이 우유를 많이 마셨고 칼슘

이 튼튼한 이를 만들었다. 그러나 요즘의 많은 십 대들은 하루 종일 탄산수를 마신다. 청량음료 안의 당분이 입안에 산을 만든다. 이 산이 여러분의 이를 공격하고 물러지게 만들어서, 충치가 시작되기 쉽다. 여러분이 한

모금의 청량음료를 마실 때마다, 산이 20분 동안 여러분의 이를 해친다.

**1** **1** ④　**2** to create banana plants that can resist this disease

**2** **1** ③　**2** How, often

**3** **1** ⑤　**2** It, cold

**4** **1** ②　**2** Please turn it off. / Turn it off, please.

**장문 독해** **1** ⑤　**2** (1) We can take shorter showers. / 우리는 더 짧게 샤워를 할 수 있다. (2) We can donate money. / 우리는 돈을 기부할 수 있다.

## PRACTICE 1　p.74

**1** ④　**2** to create banana plants that can resist this disease

해석　바나나는 인기 있고 값싼 식품이다. 매년 열대 지방 나라들의 농부들은 1,600억 톤의 바나나를 재배한다. 수백만 명의 사람들이 일일 영양 섭취를 위해 바나나에 의존한다. 게다가 농부들은 바나나를 다른 나라에 팔아 돈을 번다. 그러나 1990년대에 끔찍한 질병이 전 세계 바나나 식물을 죽이기 시작했다. 곧 바나나는 값이 비싸질 것이고 수백만 명의 사람들이 굶주릴 것이다. 농부들은 돈을 벌지 못할 것이다. 따라서 과학자들은 이 질병에 맞설 수 있는 바나나 식물을 만들기 위해 열심히 노력하고 있다.

문제 해설　빈칸 (A)의 앞뒤 내용, 즉 '수백만 명의 사람들이 일일 영양 섭취를 위해 바나나에 의존하는' 것과 '농부들이 바나나를 다른 나라에 팔아 돈을 버는' 것은 바나나의 용도에 대한 것이다. 즉 바나나의 용도가 열거되고 있으므로 '게다가', '덧붙여'라는 의미의 연결어 In addition이 알맞다. 빈칸 (B) 앞에는 바나나에 생긴 질병으로 인한 몇몇 상황 설명이 있고, 뒤에는 과학자들이 질병을 이겨낼 바나나 식물을 만들기 위해 노력하고 있다고 했다. 즉 앞의 상황 때문에 '결과적으로' 과학자들이 노력하는 것이므로, '따라서', '그래서'라는 의미의 연결어 Therefore가 적합하다. 그러므로 ④가 정답이다.

서술형 문제 해설　과학자들은 '이 질병에 맞설 수 있는 바나나 식물을 만들기 위해' 열심히 노력하고 있다.

## PRACTICE 2　p.75

**1** ③　**2** How, often

해석　미국의 결혼 동향은 빠르게 변하고 있다. 우선, 미국인들은 그들의 결혼을 미루고 있다. 평균적인 미국인들은 첫 결혼을 할 때 몇 살인가? 남자들은 29세, 여자들은 27세 – 근대 역사상 가장 높다. 게다가, 미국 여성은 1960년의 출산율 3.7명과 비교해서, 1.9명의 아이를 가질 것으로 예상된다. 또 하나의 큰 변화는 다른 인종들 사이의 결혼이 더욱더 흔해지고 있다. 1980년, 미국의 모든 결혼 중 단지 7%만이 다른 인종 간의 결혼이었다. 하지만 2010년에 그 수는 배가 되어 15%가 되었다.

문제 해설　(A) 앞의 문장은 남녀의 결혼 연령이 역사상 가장 높아졌다는 의미를 가졌고, 뒤의 문장은 출산율이 1960년 대비 큰 폭으로 감소했다는 의미이므로 둘 다 결혼과 관련된 풍속의 변화를 말하기 때문에 추가적인 정보를 말하는 Moreover가 정답이다. (B) 앞의 문장은 1980년

타 인종간 결혼이 7%에 불과했지만 2010년에는 15%로 두 배로 증가했다는 의미이므로 반대의 의미를 말하는 However가 정답이다.

서술형 문제 해설　쇼핑을 얼마나 자주 가냐고 물어야 한다.

## PRACTICE 3　p.76

**1** ⑤　**2** It, cold

해석　우리 모두는 날씨가 사람들의 기분에 영향을 미친다는 것을 안다. 사람들은 대개 맑은 날에는 더 행복하다. 그들은 흐리거나 비가 올 때는 더 우울하다. 그러나 안 좋은 날씨는 또한 좋은 영향을 주기도 한다. 예를 들면, 사람들은 종종 이때 더 논리적으로 생각한다. 그들은 사실을 더 잘 이해하고 더 나은 결정을 내린다. 그들은 잔뜩 흐린 날씨에는 기억도 더 잘 한다. 또한 날씨가 맑으면 사람들은 밖에서 재미있는 일을 할 생각을 한다. 그러나 날씨가 나쁘면, 그들은 일에 좀 더 집중하고 더 많은 일을 완수한다.

문제 해설　(A): 날씨가 사람들의 기분에 영향을 미친다고 화제를 꺼낸 다음 사례를 들어 설명하고 있다. 따라서 For example이 적절하다. (B): 날씨가 사람들에게 영향을 미치는 구체적인 사례를 계속 열거하고 있으므로 '또한'이라는 의미의 Also가 알맞다. 따라서 ⑤가 정답이다.

서술형 문제 해설　날씨를 나타낼 때는 비인칭주어 it을 쓴다.

## PRACTICE 4　p.77

**1** ②　**2** Please turn it off. / Turn it off, please.

해석　지구상에 70억의 사람들이 있고, 그들은 생선을 먹는 것을 좋아한다. 그러므로, 바다에는 많은 어선들이 있다. 그들은 세계 물고기의 30퍼센트를 남획하고 있다. 특정 종류의 인기 있는 물고기는 거의 사라졌다. 또한 사람들은 일부 종류의 생선을 먹는 것을 좋아하지 않지만, 매년 어부들은 우연히 수십억 마리의 생선을 잡는다. 그들은 그냥 그것들을 버린다. 게다가, 그들은 어린 물고기를 잡음으로써 법을 위반한다. 만약 사람들이 바뀌지 않으면, 2048년쯤이면 먹을 물고기가 남아 있지 않을 것이다.

문제 해설　빈칸 (A)는 지구상에 수많은 사람들이 있고 생선 먹는 것을 좋아하기 때문에 어부들은 생선을 많이 잡아야 한다. 즉 앞 문장이 원인이 되고 뒤의 문장이 결과를 나타내므로 '그러므로'라는 의미의 Therefore가 알맞다. 어부들이 지나치게 많이 낚시하고 그냥 버리며, 어린 물고기를 잡는 불법까지 저지르고 있다는 내용이 빈칸 (B) 앞뒤로 전개되고 있다. 따라서 '게다가'라는 의미의 In addition이 적절하므로, ②가 정답이다.

서술형 문제 해설　「타동사 + 부사」로 이루어진 이어동사의 목적어로 대명사가 오면 대명사는 「타동사 + 대명사 + 부사」와 같이 타동사와 부사 사이에 위치한다.

## 장문 독해　p.78

**1** ⑤　**2** (1) We can take shorter showers. / 우리는 더 짧게 샤워를 할 수 있다. (2) We can donate money. / 우리는 돈을 기부할 수 있다.

해석　사람들은 마시고, 목욕하고 설거지하고 빨래하고 작물을 재배할 물이 필요하다. 많은 나라에 물이 거의 없다. 결과적으로 사람들은 청결을 유지할 수 없기 때문에 병든다. 또한 아프리카와 인도의 많은 소녀들이 매일 멀리 떨어져 있는 우물에서 물을 나르는 데 여러 시간을 보낸다.

그들은 학교에 갈 시간이 없다. 우리는 도움이 되는 일들을 할 수 있다. 우선, 우리는 이 문제에 관해 좀 더 알아야 한다. 그러면 우리는 그것에 관해 다른 사람들에게 말할 수 있다. 우리는 또한 물을 절약하기 위한 우리 역할을 할 수 있다. 예를 들면, 우리는 샤워를 더 짧게 할 수 있다. 게다가 우리는 돈을 기부할 수 있다. 그 돈은 가난한 마을 가까이에 새롭고 깊은 우물을 파기 위해 일꾼들에게 지불될 수 있다. 그것은 또한 바닷물에서 염분을 빼내는 기계를 살 것이다. 그러면 사람들은 그것을 마실 수 있다.

**문제 해설** 빈칸 (A)에 사람들은 마시고, 목욕하고 설거지하고 빨래를 해야 하는데 많은 나라에 물이 거의 없다는 앞의 내용은 원인이 되고, 사람들이 청결을 유지하지 못해 병이 든다는 것은 그에 따른 결과가 된다. 따라서 '결과적으로'라는 의미의 As a result가 적합하다. 물 부족 문제를 겪는 사람들을 위해 우리가 할 수 있는 구체적인 예들로 빈칸 (B) 앞뒤에 샤워를 더 짧게 할 수 있다는 내용과 추가로 돈을 기부할 수 있다는 내용이 나오므로 ⑤가 정답이다.

**서술형 문제 해설** 본문의 First, we must learn more about this problem. Then we can tell others about it. We can also do our part to save water. For example, we can take shorter showers. In addition, we can donate money. 부분이 물 문제를 해결하기 위해 우리가 할 수 있는 것들이다.

## Word Check
p.79

| | | |
|---|---|---|
| 1 out of | 2 modern | 3 attack |
| 4 fish | 5 bought | 6 cheap |
| 7 decision | 8 earn | 9 In[in] |
| 10 by | 11 ③ | |

**해석** 1 어떤 사람들은 물에서 소금을 얻는다.
2 그 나라의 근대 정부는 100년 전에 세워졌다.
3 그들은 밤에 공격을 시도했다.
6 값이 싼: 가격이 알맞고 비싸지 않은
7 결정: 여러분이 하는 선택
8 벌다: 일해서 돈을 얻다
9 과거에는 사람들이 마차를 탔다. / Emily Dickinson은 그녀가 젊었던 시절에 인기 있진 않았다.
10 John은 우연히 지갑을 주웠다. / 나는 창가에 책상을 놓았다.
11 아이들은 의식주에 대해 부모에게 의존한다.
**문제 해설** 4 단수 명사 – 복수 명사의 관계
5 동사의 원형 – 과거형 관계

# Unit 10 글의 종류

## Example ④
p.81

**해석** Audrey Hepburn은 벨기에에서 태어났다. 그녀는 어렸을 때 먹을 것이 거의 없어서 살아남기 위해 튤립 구근을 먹었다. 22세였을 때 그녀는 뉴욕으로 가서 연극의 주연을 맡게 되었다. 그녀는 그 후 영화 "로마의 휴일"에서 연기하도록 고용되었다. 후에 그녀는 "마이 페어 레이디"에서 맡은 역할로 유명해졌다. Hepburn은 부유한 영화배우였고, 사람들은 그녀의 매혹적인 삶의 방식을 부러워했다. 그러나 후에 그녀는 유엔을 위해 자원봉사 활동을 했다. 그녀는 많은 불쌍한 어린이들을 도왔다.

### ✕ PRACTICE

1 **1** ③ **2** how, to, swim
2 **1** ⑤ **2** wrote, in, 1932
3 **1** ④ **2** to, do[return]
4 **1** ⑤ **2** (A) what (B) If
장문 독해 **1** ⑤ **2** during, classes

## PRACTICE 1
p.82

**1** ③ **2** how, to, swim

**해석** Jason과 Monica에게,
너희들을 수영 파티에 초대할게! 멋지고 재미있는 시간을 위해 우리와 함께 해!

언제: 3월 20일 토요일
시간: 오후 3:00에서 6:00까지
어디에서: 빅 스플래시 워터슬라이즈, 오하이오주, 스몰타운, 엘크혼 스트리트 44563
가져올 것: 수영복, 수건, 그리고 10달러. 워터슬라이즈는 1인당 10달러 비용이 듦.
회답 요망: 올 거면 3월 15일까지 377-999-8875로 Helen에게 전화해. 우리는 너희들을 만나기를 기대하고 있어!

**문제 해설** 두 번째 문장 You are invited to our swimming party! 에서 수영 파티에 초대하고 있고, 초대 일시 및 장소, 그리고 준비물까지 알려주고 있으므로 초대장이다. 따라서 ③ invitation이 정답이다. ① 공지 사항 ② 설문 조사 ③ 초대장 ④ 설명서 ⑤ 광고
**서술형 문제 해설** '~하는 방법'은 「how + to부정사」로 쓴다.

## PRACTICE 2
p.83

**1** ⑤ **2** wrote, in, 1932

**해석** J.R.R. Tolkien은 1932년에 "호빗"을 썼다. 그 이야기는 호빗이라고 불리는 작은 사람인 Bilbo Baggins에 관한 것이다. Bilbo는 14명의 난쟁이들과 Gandalf라고 불리는 마법사와 함께 먼 산으로 여행을 갔다. 그들은 용으로부터 금을 되찾기 위해 갔다. Bilbo와 난쟁이들은 그곳에 가는 길에 많은 모험을 겪었다. 결국 사람, 요정, 악귀, 그리고 난쟁이들이 모두 금을 원했기 때문에 큰 전쟁이 시작되었다. 이 모험에서 Bilbo는 많이 변화했고 자신이 큰 용기가 있다는 것을 증명했다.
**문제 해설** J.R.R. Tolkien의 저서 "호빗"의 이야기를 요약하고 주인공 Bilbo의 변화된 모습에 관해 썼으므로 서평에 해당한다. 따라서 ⑤

book review가 정답이다. ① 수필 ② 소설 ③ 영화대본 ④ 전기 ⑤ 서평(독후감)

**서술형 문제 해설** J.R.R. Tolkien은 1932년에 "호빗"을 썼다. write의 과거형 wrote로 써야 한다.

## PRACTICE 3                                                    p.84

**1** ④  **2** to, do[return]

**해석** 다음은 세탁기를 사용할 때 할 것과 하지 말아야 할 것들에 대한 간단한 몇 가지 사항이다: 동전과 화장지 등을 주머니에서 모두 꺼내라. 흰옷은 짙은 색 또는 색깔 있는 옷과 섞지 마라. 색깔 있는 세탁물에는 찬물을 사용하고, 흰색 세탁물에는 뜨거운 물을 사용해라. 세탁기에 너무 많은 옷을 넣지 마라. 그렇지 않으면 때가 잘 안 빠진다. 티셔츠는 디자인이 새겨져 있으면 안팎을 뒤집어라. 그리고 마지막으로 세탁 세제를 넣는 것을 잊지 마라.

**문제 해설** 글의 첫 문장 Here are some simple do's and don'ts when using a washing machine에 글의 목적이 드러나 있다. 즉 세탁기의 사용법에 대해 설명하고 있으므로 설명서에 해당한다. 그러므로 ④ instructions가 정답이다. ① 광고 ② 공지 사항 ③ 기사 ④ 설명서 ⑤ 여행기

**서술형 문제 해설** '할 일'을 잊어버린 것이므로 to부정사가 필요하다.

## PRACTICE 4                                                    p.85

**1** ⑤  **2** (A) what  (B) If

**해석** 바하마 음식의 최고를 찾고 계십니까? 바하마 사람들이 먹는 것을 드시고 싶습니까? 그러면 Bahamian Kitchen의 음식을 맛보세요. 저희 식당은 바로 Straw Market에서 단지 짧은 한 블록 떨어져 있는 Trinity Place에 있는 시내에 있어요. 저희는 최상의 바하마 가정식, 즉 콩과 쌀에서부터 바하마 섬에서 나는 가장 신선한 해산물에 이르기까지 모든 것을 제공합니다. 그래서 최고의 음식, 최고의 서비스, 적절한 가격, 최고의 분위기라면 Bahamian Kitchen입니다! 매일 오전 11시에서 오후 10시까지 영업합니다. 예약을 원하시거든, 서두르세요, 빠르면 빠를수록 좋습니다!

**문제 해설** 바하마 현지식과 같은 음식을 제공하고 있으며, 최고의 서비스와 적절한 가격, 최고의 분위기를 자랑하며 식당의 영업시간까지 말하고 있는 것으로 보아 선택지 중 ⑤ 라디오 광고임을 알 수 있다. ① 수필 ② 일기 ③ 논평 ④ 설문 조사 ⑤ 라디오 광고

**서술형 문제 해설** (A) 선행사가 없으므로 선행사 포함 관계대명사 what이 와야 함. 해석은 '~하는 것'으로 한다. (B) '예약을 원하시거든 빨리 예약하라'는 말로 의미상 '양보'가 아니라 '조건'의 의미이므로 If가 정답이다.

## 장문 독해                                                      p.86

**1** ⑤  **2** during, classes

**해석** SOCAPA(창작 공연 예술 학교)는 세계에서 앞서가고 있는 예술 학교 가운데 하나입니다. 저희는 예술 분야에서 2주 또는 3주의 집중 여름 강좌를 제공합니다. 저희 모든 교사들은 자격 조건이 아주 좋습니다. 우리는 춤, 연기, 음악, 사진술, 시나리오 집필, 영화 제작을 가르칩니다. 학생들은 캠퍼스에 거주하며, 모든 식사가 제공됩니다. 수업 규모는 10~18명입니다. 이들 중 약 25퍼센트가 국제 학생입니다. 그러나 모든 수업이 영어로 되기 때문에 이 학생들은 영어를 잘 이해해야 합니다. 학생들은 열심히 작업하고 공부합니다. 보상으로, 우리는 학생들이 견학하고 공연하는 곳에서 일일 활동 및 재미있는 주말을 제공합니다. 술이나 마약은 허용되지 않습니다. 우리는 휴대전화는 허용하지만, 수업 중에는 꺼 두어야 합니다. 오늘 등록하세요! 자리가 한정되어 있습니다.

**문제 해설** SOCAPA(창작 공연 예술 학교)의 여름 강좌 수강 조건에 대해 설명하고 있고 마지막에 자리가 한정되어 있다고 했으므로 학생을 모집하기 위한 광고임을 알 수 있다. 따라서 ⑤ advertisement가 정답이다. ① 기사 ② 논평 ③ 설문 조사 ④ 초대장 ⑤ 광고

**서술형 문제 해설** 휴대전화를 '수업 중에는' 꺼야 한다고 했다.

---

## Word Check                                                    p.87

| | | |
|---|---|---|
| 1 costs | 2 invite | 3 look, forward |
| 4 turn, off | 5 allow | 6 location |
| 7 movie | 8 Saturday | 9 daily |
| 10 courage | 11 travel | 12 about |

---

**해석** 1 그 파이어볼 라이드는 10달러의 비용이 든다.
2 나는 파티에 너를 초대하고 싶어.
3 나는 너를 곧 보기를 고대하고 있어.
4 TV 좀 꺼 줄래? 난 공부해야 해.
9 매일의: 매일 일어나는
10 용기: 위험에 처했을 때 용감할 수 있는 능력
11 여행하다: 한 곳에서 다른 곳으로 여행하다
**문제 해설** 5 유의어 관계
6 동사 - 명사 관계
7 genre: 장르, 유형이므로, movie는 어울리지 않는다.
8 Saturday: 토요일이므로, month(달) 범주에 어울리지 않는다.
12 about: ~에 대하여; 대략

---

# Unit 11 글의 순서 배열하기

## Example ③                                                    p.89

**해석** 미국의 대부분의 십 대들은 스마트폰을 가지고 있다. 그리고 그들은 스마트폰을 많이 사용한다. (B) 그들은 종종 친구들과 통화하고 메시지를 확인한다. 많은 십 대들이 또한 인터넷에 들어가기 위해 스마트폰을 사용한다. 그것은 도움이 될 수 있다. (C) 그러나 몇몇 미국 십 대들은 전화기를 너무 많이 사용한다. 그들은 길거리를 걷는 동안 스마트폰을 사용한다. (A) 그들이 가고 있는 길을 보지 않기 때문에 이것은 매우 위

험할 수 있다. 그들은 때로 구멍으로 빠지기도 한다. 혹은 그들은 움직이는 차 앞으로 걸어가기도 한다.

PRACTICE 3　　　　p.92

**1** ④　**2** that[which]

**해석** Gabrielle "Coco" Chanel의 두 번째 히트작은 "샤넬 넘버 5" 향수였다. 이 향수는 유럽과 미국에서 샤넬 성공의 최정점인 1923년에 최초로 판매용으로 내놓았다. (C) "샤넬 넘버 5"가 그렇게 히트를 쳤던 것은 바로 단지 그 향수의 매력만은 아니었다. 그 향수의 성공은 또한 샤넬의 판매전략 때문이었다. (A) 샤넬은 그때 당시에 쉽게 깨지는 작은 병에 넣어 팔았던 여자 향수와는 대조적으로 견고한 직사각형의 병에 향수를 넣었다. (B) 게다가, "샤넬 넘버 5"를 만들 때, 그녀는 그 향수에 자기 이름을 넣었다. 오늘날, 자기 이름을 따서 향수에 이름을 붙이지 않는 디자이너를 찾기 어렵다.

**문제 해설** 주어진 문장이 유럽과 미국에서 1923년에 향수가 처음 판매되었다는 내용에 이어지는 문장이므로 향수의 장점에 대해 이야기하고 있는 (C)가 이어지며, 또 (C)에서 판매전략이 성공적이었다는 내용이 나오므로 용기를 다른 것으로 했다는 내용이 나오는 (A)가 다음에 이어지며, 그 판매전략에 대한 추가개념인 디자이너 이름을 제품에 넣어 오늘날 그런 제품을 다수 볼 수 있다는 (B)로 이어져야 자연스럽게 글이 연결된다.

**서술형 문제 해설** 이 구문은 앞에 It was ~ 구문과 뒤에 동사인 made로 보아 주어를 강조하고 있는 강조구문이므로 It was ~ that … 구문이어야 한다. 원래 이 구문은 'Not just the attraction of the perfume made "Chanel No. 5" such a hit.'인데 이 문장에서 주어인 Not just the attraction of the perfume을 강조하고 있다. 참고로 강조구문의 경우 'It be ~ that' 구문이 기본이지만, 강조하는 것이 사람일 경우 that을 who로, 사물일 경우 which로 대체할 수 있다.

PRACTICE 4　　　　p.93

**1** ④　**2** graffiti

**해석** (C) 그라피티(낙서)는 공공장소에 글을 쓰고 그리는 것이다. 뉴욕시는 지하철 벽과 건물에 뿌려진 그라피티로 유명하다. (A) 그러나 미국의 모든 도시마다 그라피티가 있다. 그 중 일부는 재미있고 매력적이다. 그라피티를 그리는 사람들은 자신들이 예술가라고 주장한다. (B) 그러나 대부분의 그라피티는 추하다. 많은 도시들은 그라피티로 매우 지쳐서, 그것을 불법으로 만들었다. 그들은 그라피티를 그리고 있는 누군가를 잡으면 벌금을 지불하게 한다.

**문제 해설** 그라피티(낙서)가 무엇인지 설명하는 (C)가 도입 부분이 된다. 그리고 (C)에서 뉴욕시가 그라피티로 유명하다고 한 데 대해, But으로 대조를 이루며 실은 그라피티를 미국 모든 도시에서 볼 수 있다는 내용으로 시작하는 (A)가 이어지는 게 자연스럽다. 그리고 (A)의 마지막 문장에서 그라피티를 그리는 사람들은 스스로를 예술가라고 주장한다고 했는데, 이와 달리 대부분의 그라피티는 보기 흉하며, 그라피티를 불법으로 규정하고 벌금형까지 부과한다는 반대 내용의 (B)가 마지막에 온다.

**서술형 문제 해설** so 앞의 주절에서 언급한 graffiti를 가리킨다.

## 장문 독해　　　　p.94

**1** ④　**2** any, questions

**해석** 처음에는 돈이라는 것이 없었다. 농부가 양을 원하면 그는 그것을 위해 약간의 곡식과 바꿨다. 이것은 "물물교환"이라고 불렸다. 그러나 때로 양치기는 곡물이 필요하지 않았다. 그러면 농부는 그를 위해 일을 좀

## ✕ PRACTICE

**1** **1** ②　**2** All the people quickly get out of the water.
**2** **1** ⑤　**2** late, so, bus
**3** **1** ④　**2** that[which]
**4** **1** ④　**2** graffiti
**장문 독해** **1** ④　**2** any, questions

PRACTICE 1　　　　p.90

**1** ②　**2** All the people quickly get out of the water.

**해석** 요즘, 수백만 명의 사람들이 트위터에 들어온다. (A) 매일 그들은 "트윗"이라고 하는 짧은 메시지를 친구들에게 보낸다. 많은 십 대들도 트위터에 들어간다. (C) 그러나 여기 놀라운 것이 있다: 호주 인근의 300마리 이상의 상어도 트위터에 들어온다. 상어들은 다른 어떤 곳보다도 호주 부근에서 더 많은 사람들을 죽인다. 그래서 과학자들은 그 상어들에 초소형 무선 통신 장치를 부착시켰다. (B) 상어들이 해안가로부터 1킬로미터 정도 거리에 있을 때, 그들의 무선통신 장치가 "트윗"을 내보낸다. 그러면 모든 사람들이 그것들로부터 재빨리 벗어난다.

**문제 해설** 주어진 문장에서 트위터 사용자에 대한 일반적인 이야기로 시작하고 있다. 따라서 트위터를 이용하는 일반적인 현상에 대해 설명한 (A)가 처음에 오고, But으로 전환하여 새로운 이야기, 즉 상어들도 트위터를 이용한다는 흥미로운 내용으로 시작되는 (C)가 그 다음에 온다. 그리고 상어들이 어떻게 "트윗"하는지 구체적인 사례를 설명한 (B)가 마지막에 이어진다.

**서술형 문제 해설** 상어들이 해안가로부터 1킬로미터 거리에 있을 때, 상어에 달려 있는 무선 통신 장치가 "트윗"을 내보내면, 해수욕하던 사람들이 그것들로부터 재빨리 벗어난다.

PRACTICE 2　　　　p.91

**1** ⑤　**2** late, so, bus

**해석** (C) 오늘은 좋은 날이 아니었다. 늦게 일어나서 지각했을 때 모든 게 시작되었다. 나는 굉장히 서둘렀고 어울리지 않는 옷을 입었다. (B) 버스를 타려고 서둘러 갔지만 넘어져서 무릎을 긁혔다. 점심 식사 중에는 내 스웨터에 온통 주스를 엎질렀다. 그다음 수학 선생님이 반에 많은 숙제를 내주셨다. (A) 그리고 집에 왔을 때, 개가 없어졌다고 엄마가 말씀하셨다. 내가 말했듯이, 오늘은 좋은 날이 아니었다.

**문제 해설** 전형적으로 시간상의 흐름을 섞어 놓은 글이다. 아침에 일어났을 때 안 좋은 일이 일어나기 시작했다는 (C)가 처음에 오고, 서둘러 학교에 가다가 넘어지고, 점심 때는 주스도 엎지르는 일이 계속 벌어진 (B)가 그 다음에 이어진다. 그리고 집에 돌아와서 개가 없어졌다는 소식을 들었다는 (A)가 마지막에 온다.

**서술형 문제 해설** '늦게' 일어나서 '버스' 정거장으로 뛰어갔다는 내용으로, 뒤 문장이 앞 문장의 결과가 되므로 '그래서'라는 뜻의 연결어 so가 필요하다.

해 주었다. (C) 후에, 양치기는 그에게 양 한 마리로 지불했다. 그러나 종종 양치기는 일도 필요하지 않았다. 그러면 농부는 그에게 모두가 원하는 어떤 것 – 값비싼 은이나 금 같은 것을 그에게 주어야 했다. (A) 옛날 사람들은 셰켈이라고 하는 중량으로 물건의 무게를 달았다. 금 1개의 셰켈이 얼마의 가치가 나가는지 모두 동의했다. 양 한 마리의 값이 금 1.25셰켈이면, 농부는 정확히 그만큼 지불했다. (B) 그다음 기원전 700년경에 그리스인들이 크기가 다른 금과 은의 동전을 만들기 시작했다. 각 종류의 동전은 정확히 같은 무게가 나갔다. 이렇게 해서 현대의 돈이 시작된 것이다.

**문제 해설** 주어진 문장에서 양치기와 농부의 예를 들면서 '물물교환'의 개념에 대해서 설명하고 있다. 그런데 물물교환 대상이 당사자에게 필요하지 않자 은이나 금 같은 값어치 있는 것을 주어야 했다는 (C)가 그다음에 이어지는 게 자연스럽다. 그리고 셰켈이라는 것으로 서로가 원하는 가치에 상응하는 만큼 계산하여 지불한 방식을 설명한 (A)가 그다음에 오며, 마지막으로 그 후 금화나 은화를 사용하기 시작하여 현대의 돈이 시작되었다는 (B)가 결론을 맺는 단락이 된다.

**서술형 문제 해설** 부정문이므로 questions 앞에 any를 쓴다.

**해석** 1 네 조언은 매우 도움이 되었어.
2 물가가 약 5% 올랐다.
3 밖이 매우 춥다. 이 따뜻한 스웨터를 입어라.
4 우리는 서둘러야 한다. 그렇지 않으면 늦을 것이다.
5 몇 사람만이 내 앞에서 달리고 있다.
6 길가에 쓰레기를 버리지 마라. 그것은 불법이다.
9 매우 작은: 매우 작은
10 동의하다: 어떤 것에 대해 같은 의견을 갖다
11 양치기: 양을 돌보는 사람
12 대한민국에는 약 5천만 명의 사람이 있다.
**문제 해설** 7 반의어 관계
8 형용사와 부사 관계

# Unit 12 주어진 문장 넣기

## Example ⑤                                            p.97

**해석** 고양이와 개는 놀라운 생물이다. 그것들은 다정하고 충성스럽다. 그것들은 똑똑하고 귀엽다. 요즘 점점 더 많은 사람들이 "애완동물도 사람이다."라고 말한다. 많은 부부가 자녀는 없지만 애완동물을 갖고 있다. 그래서 그들은 자신들의 애완동물을 자식으로 생각한다. 어떤 부유한 사람들은 죽을 때 수백만 달러를 애완동물에게 남긴다. 다른 사람들은 이것이 너무 지나친 것이라고 생각한다. 애완동물은 멋지고, 우리는 그들을 잘 돌봐야 하지만, 그것들은 사람은 아니다.

### ✖ PRACTICE

1 1 ② 2 (A) population (B) increase
2 1 ③ 2 learning, family
3 1 ② 2 to, eat
4 1 ① 2 which
장문 독해 1 ② 2 the bulls

## PRACTICE 1                                            p.98

1 ② 2 (A) population (B) increase

**해석** 19세기에 미국과 영국인 어부들은 거의 남극의 물개를 전멸시킬 뻔 했다. 그러나 남극의 물개들은 거의 멸종 위기까지 간 후에 놀랍게도 다시 돌아왔다. 개체 수가 지금은 급속도로 늘어나고 있다. 비록 과학자들이 물개의 복귀에 다른 요인이 있을 수 있다는 것을 인정한다 하더라도 그들은 수염고래의 개체 수가 심각하게 감소한 것이 주원인이라는

것에 납득한다. 수염고래와 남극 물개는 한때 같은 음식원인 크릴새우라 불리는 매우 작은 조개를 놓고 경쟁했다. 수염고래는 지금 멸종되고 있는 동안 물개는 거의 무한한 식량 공급을 상속받고 있다. 물개의 식량 공급의 증가는 물개의 복귀에 주된 원인이라 간주된다.

**문제 해설** 주어진 문장은 남극의 물개의 개체 수가 현재 늘고 있다는 내용으로 그 증가의 배경 이야기를 설명하는 글 바로 앞에 와야 하므로 ②에 들어가는 것이 가장 자연스럽다.

**서술형 문제 해설** 이 글의 요지는 '수염고래의 개체 수가 적어짐에 따라 남극의 물개가 늘어나기 시작했다'는 내용이므로, (A)에는 개체 수의 의미인 population이, (B)에는 늘었다는 increase가 들어가는 것이 좋다.

## PRACTICE 2                                            p.99

1 ③ 2 learning, family

**해석** 내 이름은 박준서야. 그런데 여기 캐나다에서는 모두 나를 그냥 "John"이라고 불러. 우리 부모님은 내가 영어를 더 잘 말하는 것을 배우기를 원하셨어. 그래서 6개월 전에 나를 공부하라고 밴쿠버로 보내셨어. 얼마나 멋진 생각이야! 지금 나는 Smith 씨 부부와 그들의 두 자녀와 함께 살아. 그분들의 장남 Justin은 내 나이인데, 그와 나는 끊임 없이 얘기해. 그래서 내 회화는 훨씬 더 좋아지고 있어. 그리고 난 아주 즐거운 시간도 보내고 있어!

**문제 해설** 주어진 문장은 '그래서 6개월 전에 나를 공부하라고 밴쿠버로 보내셨어.'라는 의미이다. so가 있으므로 이것의 배경 내지는 원인이 되는 상황이 바로 앞에 올 수 있다. 부모님이 준서가 영어를 더 잘 말하는 것을 배우기를 원했기 때문에 준서가 밴쿠버로 유학을 가게 된 것이

므로, 이 문장 바로 뒤인 ③이 적절한 위치가 된다.

**서술형 문제 해설** 박준서는 지금 캐나다에 있고 영어를 말하는 것을 '배우고' 있다. 그는 캐나다 '가족'과 함께 머무르고 있다.

## PRACTICE 3                                    p.100

**1** ②     **2** to, eat

**해석** 2차 세계대전 중에 독일은 다른 국가에 전쟁을 일으켰다. 독일 병사들이 어떤 나라를 쳐들어갈 때, 그들은 그 나라의 보물을 훔쳤다. 그들은 수많은 유명한 그림을 가져갔다. 전쟁 후 그들은 그림들을 돌려주겠다고 말했다. 그러나 1997년까지 10만 점 이상의 그림이 여전히 없어진 상태였다. 2012년 3월에 경찰은 독일의 한 아파트에서 1,400점 이상의 회화를 발견했다. 이 모든 미술품을 훔치는 것은 잘못된 것이었다. 그리고 그것을 계속 갖고 있는 것도 잘못된 것이다. 이 모든 미술품을 주인에게 반환할 때이다.

**문제 해설** 주어진 문장은 '전쟁 후 그들은 그림들을 돌려주겠다고 말했다.'라는 의미이다. '전쟁 중에 독일이 많은 그림을 가져갔다'(They took many thousands of famous paintings.)는 문장과 '그러나 1997년까지 10만 점 이상의 그림이 여전히 없어진 상태였다'(But by 1997, over 100,000 paintings were still missing.)는 문장은 '역접'의 관계에 있지 않다. 즉 ②에 주어진 문장이 들어가야 바로 다음 문장의 But으로 자연스럽게 연결된다.

**서술형 문제 해설** '먹을' 것이라는 의미가 되어야 하므로 something 뒤에 to부정사(to eat)가 필요하다.

## PRACTICE 4                                    p.101

**1** ①     **2** which

**해석** 많은 사람들이 더 날씬해 보이고 싶어한다. 그래서 그들은 아무것도 먹지 않음으로써 체중을 줄이려고 노력한다. 먹지 않는 것은 건강을 해치게 되므로 정말 안 좋다. 여기 건강을 유지하면서도 체중을 감량하는 몇 가지 좋은 방법이 있다. 여러분이 일반적으로 먹는 모든 종류의 음식을 먹어라. 그러나 그 중 10~20퍼센트를 적게 먹어라. 갈증이 날 때 단 음료를 마시지 마라. 단 음료는 체중이 더 나가게 만든다. 갈증이 나면 주로 물을 마셔라. 그리고 여기 한 가지 더 있다: 저녁 식사 후에 간식을 먹지 마라. 이 방법을 따르면 여러분은 건강과 외모에 동시에 만족하게 될 것이다!

**문제 해설** 주어진 문장은 '먹지 않는 것은 건강을 해치게 되므로 정말 안 좋다.'는 의미로, '그들은 아무것도 먹지 않고 체중을 줄이려고 노력한다.'(So, they try to lose weight by eating nothing.)는 문장 바로 다음에 들어가야 자연스럽다.

**서술형 문제 해설** 목적격 관계대명사는 생략 가능하다.

## 장문 독해                                      p.102

**1** ②     **2** the bulls

**해석** 재미있는 축제가 스페인 Pamplona에서 매년 7월 6~14일에 열린다. 이것은 황소들이 도시의 거리를 달리기 때문에 '황소들의 달리기(소몰이 축제)'라고 불린다. 사람들은 Pamplona 안에 있는 스포츠 경기장인 투우장으로 황소들을 추격해 가곤 했다. 젊은이들이 자신들이 얼마나 용감한지 보여 주기 위해 그들 앞을 달렸다. 이것은 매년 있었고 곧 전통이 되었다. 요즘 사람들이 황소와 사람들이 달리는 것을 보려고 전 세계에서 온다. 이것은 흥미진진하지만 위험하다. 매년 200~300명의 사람들이 부상당한다. 어떤 사람들은 소뿔에 다치지만, 대부분은 미끄러지고 넘어져서 다친다. 때때로 소들이 사람들을 죽이기도 한다. '소몰이 축제'는 매우 인기가 있어서 스페인, 포르투갈, 그리고 멕시코의 많은 다른 도시와 마을에서도 이제 비슷한 축제가 열린다.

**문제 해설** 주어진 문장은 '이것은 매년 있었고 곧 전통이 되었다.'는 의미로, This는 앞 문장들에 있었던 일을 가리킨다. 따라서 ②의 바로 앞까지 사람들이 황소들을 투우장으로 몰고 갔고, 젊은이들은 용감성을 보여주려고 황소 앞에서 달렸다는 내용이 This에 해당하므로 정답은 ②가 된다.

**서술형 문제 해설** 바로 앞 문장에서 말한 the bulls를 가리킨다.

---

### Word Check                                   p.103

| | | |
|---|---|---|
| 1 chasing | 2 popular | 3 over |
| 4 place | 5 time | 6 dangerous |
| 7 become | 8 thirsty | 9 solider |
| 10 return | 11 pet | 12 ② |

---

**해석** 1 내 개는 고양이를 쫓는 것을 좋아한다.
2 그 가수는 우리 사이에 매우 인기 있다.
3 사실 20명 이상의 손님이 파티에 올 것인데, 우리는 의자가 18개밖에 없다.
4 도서전이 5월에 열릴 것이다.
5 운동하면서 동시에 책 읽는 것이 가능하다.
6 그 길거리들은 매우 위험하다.
9 군인: 군대에서 복무하는 사람
10 돌려주다: 어떤 것을 되돌려 주다
11 애완동물: 집에서 키우는 동물
12 A: 저 머리가 아파요. / B: 이 약을 복용하면 곧 나아질거야.
**문제 해설** 7 동사원형과 과거분사의 관계
8 명사 – 형용사 관계

# Unit **13** 내용 일치 파악 (1)

**Example** ④      p.105

**해석** 우리는 어제 오후 주립 공원을 방문했다가, 한 부부가 잔디밭에 앉아 있는 것을 보았다. 그들은 염소의 끈을 잡고 있었다. 나는 염소가 그들의 애완동물인지 궁금했다. 여자는 염소가 버려져 있는 것을 발견했다고 말했다. 염소가 너무 어려서 그들이 돌보기 시작했다. 그들은 염소에게 먹이를 주려고 공원에 데리고 오곤 했다. 그때 그들은 우리에게 그들의 찢어진 운동화를 보여 주었다! 염소가 그들의 모든 신발을 물어뜯어 샌들처럼 보이게 만들어버린 것이다. 하지만 그 부부는 마찬가지로 매우 행복해 보였어!

## ✕ PRACTICE

1  **1** ③    **2** is, spoken
2  **1** ③    **2** 충격적이고, 관념적이고 전통적이다.
3  **1** ④    **2** I have three pets: a cat, a turtle, and a snake.
4  **1** ③    **2** when the store closes
장문 독해  **1** ⑤    **2** for, to

## PRACTICE **1**      p.106

**1** ③    **2** is, spoken

**해석** 전 세계 사람들이 다양한 언어를 사용하고 있다. 전 세계에는 약 6,800개의 언어가 있다. 많은 사람들은 가장 일반적인 언어가 영어라고 짐작한다. 이것은 사실이 아니다. 가장 널리 쓰이는 언어는 표준 중국어이다. 이 언어는 전 세계 약 8억 8천만 명의 사람들에 의해 사용된다. 두 번째로 가장 널리 쓰이는 언어는 스페인어이고, 세 번째는 영어이다. 아랍어가 영어 다음에 오고, 그 뒤를 힌두어가 잇는다. 여러분은 이 언어들 가운데 구사할 수 있는 것이 있는가?

**문제 해설** ① 표준 중국어는 전세계 8억 8천만 명이 사용한다. ② 중국어가 가장 많이 사용된다. ③ 두 번째로 많이 사용되는 언어는 스페인어이고, 그다음이 영어이므로 본문과 일치한다. ④ 아랍어가 영어 다음으로 많이 사용된다. ⑤ 아랍어 다음으로 힌두어가 많이 사용된다.

**서술형 문제 해설** 수동태 구문은 「be동사 + 과거분사 ( + by + 행위자)」로 나타낸다. 주어진 문장이 단순 현재 시제이고 주어로 온 English는 단수 주어이므로 is spoken으로 써야 한다.

## PRACTICE **2**      p.107

**1** ③    **2** 충격적이고, 관념적이고 전통적이다.

**해석** 1980년대 후반, 영국 미술계는 "젊은 영국 작가(YBAs)"라고 알려진 예술가 그룹의 시대로 돌입했다. 런던에 기반을 둔 이 작은 그룹은 1988년 Damien Hirst가 관장한 전시회인 Freeze라는 전시회에서 태어났다. 그 전시회에는 Damien Hirst, Tracey Emin, Jake와 Dinos Chapman의 작품들이 있었다. 그들 중 대부분은 골드스미스 런던대학교 미대에서 수학했다. YBAs를 정의하는 특징들은 충격적이고, 관념적이고 또는 심지어 전통적이기도 하다. YBAs는 종종 현대 생활의 어두운 면에 초점을 맞추고 여전히 오늘날 국제적인 미술계에서 강력한 힘이 있다.

**문제 해설** "Most of them were educated in the Department of Art at Goldsmiths, University of London."에서 보듯 Freeze에 출품한 작가들의 '모두'가 아니라 대부분이 골드스미스 런던대학교 미대 출신임을 알 수 있다.

**서술형 문제 해설** 글 후반부의 'The features that define the YBAs can be shocking, conceptual, or even traditional.'가 정답의 단서. 즉 이 작품의 특징으로는 '충격적이고, 관념적이고 전통적인' 것을 말한다.

## PRACTICE **3**      p.108

**1** ④    **2** I have three pets: a cat, a turtle, and a snake.

**해석** 하와이에 대해서 무엇을 알고 있는가? 하와이는 미국의 50번째 주이다. 그곳은 1959년에 주가 되었다. 그곳은 화산섬들로 구성되어 있다. 그곳은 2,400킬로미터에 걸쳐 작은 섬들이 8개의 주요 섬과 함께 연속해서 있다. 가장 큰 섬은 "빅아일랜드 (하와이섬)"이다. 활화산들이 많이 있고, 이 화산들이 하와이를 여행객들에게 유명하게 만든다. 그 주의 수도는 오아후섬에 있는 호놀룰루이다. 이 정보가 충분하지 않다면 아래 링크를 클릭하면 된다.

**문제 해설** 내용과 일치하는 것을 고르는 문제이므로 본문 내용과 일치하지 않는 선택지를 하나씩 소거하며 문제를 풀도록 한다. 활화산이 많은 하와이는 여행객들에게 인기가 높다고 했으므로 ④가 일치한다. ① 1959년에 미국의 주가 되었으므로 주가 된 지 50년이 넘었다. ② 8개의 주요 섬이 있는데 하와이섬은 그 가운데 최대 섬이라고 했다. ③ 작고 큰 화산섬들로 이루어진 하와이의 총 길이가 2,400킬로미터라고 했다. ⑤ 호놀룰루는 오아후섬에 있는 하와이주의 수도이다.

**서술형 문제 해설** 명사 3개(a cat, a turtle, a snake)를 나열할 때는 맨 마지막 명사 바로 앞에 콤마(,)를 쓰고 접속사 and를 쓴다.

## PRACTICE **4**      p.109

**1** ③    **2** when the store closes

**해석** 우리는 지난주에 컴퓨터 역사 박물관으로 견학을 갔다. 그곳은 세계 최대 컴퓨터 역사 박물관으로, 캘리포니아주 실리콘 밸리 중심지에 위치해 있다. 우리는 그날 종일을 박물관에서 보냈다. 우리는 컴퓨터 역사가 얼마나 오래 되었는지 알게 되었다. 놀랍게도 2천 년이나 되었다. 우리는 또한 Pong과 Spacewar 같은 초기 컴퓨터 게임을 일부 해 볼 수 있었다. 게다가 우리는 인터넷과 휴대전화가 어떻게 시작되었는지도 알게 되었다. 우리에게 놀라운 경험이었다.

**문제 해설** 선택지의 내용을 지문에서 순서대로 대조하여 오답을 제거해 간다. it's 2,000 years old에서 it은 바로 앞 문장의 the computer history(컴퓨터 역사)를 가리킨다. 따라서 박물관 역사가 아닌 컴퓨터 역사가 2천 년 된 것이므로 ③이 본문 내용과 일치하지 않는다.

**서술형 문제 해설** 간접의문문의 어순 「의문사 + 주어 + 동사」의 순서로 쓴다. 이 문장에서 간접의문문은 동사 know의 목적어이다.

**1** ⑤    **2** for, to

해석   동물들에 관한 이 놀라운 사실들을 알고 있었는가? 타조 아니면 말 중에서 어느 것이 더 빨리 달릴 수 있다고 생각하는가? 놀랍게도 타조가 말보다 더 빨리 달릴 수 있다. 그리고 날 수 있는 포유류가 있다. 그 것은 박쥐이다. 사실 박쥐는 날 수 있는 유일한 포유동물이다. 캥거루는 어떻게 균형을 잡을까? 캥거루의 꼬리를 땅에서 들어 올려보면, 캥거루 는 뛸 수 없다. 즉, 그들은 균형을 잡는 데 꼬리를 이용한다. 파리 에펠탑 위로 뛰어넘는 여자를 상상할 수 있는가? 사실, 사람이 자기 키의 200 배 높이를 뛰는 것은 가능하지 않다. 그러나 벼룩은 최고 자신의 키의 200배까지 뛸 수 있다. 이런 놀라운 동물들에 대해 더 알고 싶은가? 그 러면 "동물에 대한 호기심" 동호회에 지금 가입하라!

문제 해설   선택지 이해를 한 후 지문과 하나씩 순서대로 대조해 나간다. 벼룩은 파리의 에펠탑을 뛰어넘을 수 있다. → 벼룩은 자신의 키의 200 배까지 뛸 수 있다고 했다. 따라서 ⑤가 정답이다.

서술형 문제 해설   「it ~ for + 목적격 + to부정사」의 구조로 진주어, 가 주어 구문이다.

## Word Check      p.111

| | | |
|---|---|---|
| 1 care | 2 times | 3 amazing, amazed |
| 4 curiosity | 5 spend | 6 balance |
| 7 impossible | 8 third | 9 Spanish |
| 10 surprisingly | 11 feed | 12 museum |
| 13 island | 14 imagine | |

해석   1 나는 내 여동생을 돌봐야 한다.
2 중국은 일본보다 26배 더 크다.
3 그것은 놀라운 뮤지컬이었다. 우리는 매우 경탄했다.
4 사람들은 아기 라이거를 호기심으로 쳐다보았다.
5 나는 뉴질랜드에서 휴일을 보내기로 결정했다.
6 줄타기하는 사람은 공중의 전선 위에서 균형을 잡을 수 있다.
11 먹이를 주다: ~에게 먹이를 주다
12 박물관: 흥미롭고 가치 있는 것들이 있는 건물
13 섬: 물에 완전히 둘러싸인 땅 덩어리
14 상상하다: 마음속에 그림이나 아이디어를 만들다; 생각하거나 믿다

문제 해설   3 뮤지컬이 흥미로운 것이므로 능동의 의미인 현재분사가 필 요하며, 그로 인해 우리가 신이 나게 된 것이므로 수동의 의미가 담긴 과 거분사가 알맞다.
7 반의어 관계이다. possible의 반의어는 앞에 im-이 붙는다.
8 기수와 서수의 관계이다.
9 국가명과 사용 언어의 관계이다.
10 형용사와 부사의 관계이다.

---

# Unit **14** 내용 일치 파악 (2)

## Example ③      p.113

해석   매년 핀란드는 아내 들고 뛰기 경주를 개최한다. 이것은 '에콘칸또' 라고 불린다. 남자가 아내를 등에 거꾸로 들고 가야 한다. 여자는 다리를 그의 목에 두르고 팔을 그의 허리를 감싸 안는다. 여자는 17세 이상이어 야 하며, 체중은 최소 49킬로가 되어야 한다. 트랙은 253.5미터 길이이 다. 트랙은 모래, 잔디, 그리고 아스팔트로 되어 있다. 경주를 가장 빠른 시간에 마치는 부부가 이긴다. 현재 세계 기록은 55.5초이다.

### ✕ PRACTICE

1   **1** ⑤    **2** listening
2   **1** ⑤    **2** wanted a way to teach that monopolies were bad
3   **1** ②    **2** the, tallest, girl
4   **1** ④    **2** Many things are now connected to the Internet.

장문 독해   **1** ④    **2** drama, twice

**1** ⑤    **2** listening

해석   춤추는 사람들은 비트가 강해서 라틴 음악을 즐긴다. 댄서들은 그 들의 전신을 다 움직인다. 그들은 홀로 추기도 하지만 다른 사람과 추기 도 한다. 다른 이들은 라틴 음악을 듣는 것만 즐긴다고 말을 한다. 보통 (노래)가사들은 스페인어나 포르투갈어로 되어 있지만 가끔은 영어나 다 른 언어로 되어 있다. 많은 라틴 노래들은 아름다운 가사를 갖고 있지만 그 가사를 이해하지 못한다고 하더라도 그건 중요하지 않다. 누구든지 라틴 음악을 즐길 수 있다. 그 음이 널리 알려져 있기 때문이다.

문제 해설   글 후반부에 '~ but if a person does not understand them, it is not important.'가 정답의 단서. 즉 가사를 이해하지 못하 더라고 괜찮다고 했으므로 ⑤의 진술은 옳지 않다.

서술형 문제 해설   enjoy(즐기다), stop(그만두다), avoid(피하다), admit(인정하다), deny(부인하다) 등의 동사는 항상 동명사(~ing)를 목 적어로 취하는 동사들이다.

**1** ⑤   **2** wanted a way to teach that monopolies were bad

해석 모노폴리는 미국에서 인기 있는 보드 게임의 이름이다. "모노폴리(독점)"는 어떤 사람이 땅, 돈, 혹은 기타의 것을 모두 지배하는 때이다. Elizabeth Phillips라는 이름의 한 미국인이 1903년에 이 게임을 발명했다. 그녀는 독점이 나쁘다는 것을 가르쳐줄 방법을 원했다. 1933년에 Parker Brothers가 현대의 모노폴리 게임을 만들었다. 많은 사람들은 모노폴리 하는 것을 즐기지 않는다. 그들이 지면, 상대방이 천천히 그들의 돈과 집을 모두 가져간다. 그러면 그들은 독점이 나쁘다는 데 동의한다.

문제 해설 마지막 문장 Then they agree that monopolies are bad.(그러면 그들은 독점이 나쁘다는 데 동의한다.)에서 they는 게임을 해서 지는 사람들을 가리키는 것이므로 ⑤가 본문 내용과 일치하지 않는다. ① Monopoly is the name of a popular board game. ② Elizabeth Phillips invented the game in 1903. ③ In 1933 Parker Brothers created the modern game of Monopoly. ④ Many people don't enjoy playing Monopoly.

서술형 문제 해설 She wanted a way to teach that monopolies were bad.가 Elizabeth Phillips가 Monopoly 게임을 개발한 이유가 된다.

**1** ②   **2** the, tallest, girl

해석 인간은 살아있는 생물 중 가장 똑똑한 두뇌를 가지고 있다. 물론, 고래가 덩치가 크기 때문에 더 큰 두뇌를 가지고 있다. 그러나 신체 사이즈에 비해 인간은 매우 큰 두뇌를 갖고 있다. 인간의 뇌는 침팬지의 뇌보다 3배 더 크다. 우리 뇌의 앞쪽 부분은 거대하며 그것이 우리를 매우 똑똑하게 만들어 준다. 우리는 우리 뇌의 이 부분으로 계획하고 창의적인 생각을 한다. 여러분이 뇌를 이용해서 새로운 것을 배웠기를 바란다.

문제 해설 But for their body size, humans have huge ones. 에서 신체 사이즈에 비해 인간은 매우 큰 두뇌를 갖고 있다고 했으므로, ②가 본문 내용과 일치하지 않는다. ① Humans have the smartest brains of any living thing. ③ Human brains are three times bigger than the brains of chimpanzees. ④ The front part of our brain is enormous, and it makes us very smart. ⑤ We plan and do creative thinking with this part of our brain.

서술형 문제 해설 tall의 최상급은 tallest이고 형용사의 최상급 앞에는 항상 the를 붙여 쓴다.

**1** ④   **2** Many things are now connected to the Internet.

해석 많은 것들이 이제 인터넷으로 연결되어 있다. 사람들은 이것을 "만물 인터넷"이라고 부른다. 어떤 신형 가스레인지는 인터넷에서 조리법을 찾아 요리하는 법을 여러분에게 알려 준다. 어떤 냉장고는 언제 우유가 더 필요한지 말해 준다. 어떤 새 침대 매트리스는 잠자는 스타일을 기록하기 위한 센서가 있다. 그리고 칫솔은 여러분이 양치질을 어떻게 하는지 기록해 준다. 그다음 그것들은 더 잘하는 방법을 여러분에게 알려 준다. 혹은 그것들은 다른 것들과 정보를 공유한다. 곧 거의 모든 것이 인터넷으로 연결될 것이다.

문제 해설 And toothbrushes record how you brush your teeth. Then they tell you how to do a better job.에서 칫솔이 칫솔질하는 것을 기록해서 더 잘하는 방법을 알려 준다고 했으므로 치아 상태를 점검해 주는 것은 아니다. 따라서 ④가 정답이다. ① Many things are now connected to the Internet. People call this "the Internet of everything." ② Some fridges say when you need more milk. ③ Some new bed mattresses have sensors to record the way you sleep. ⑤ Or they share the information with others.

서술형 문제 해설 this는 바로 앞에서 말한 앞 문장 전체를 받아 말한 것이다.

**1** ④   **2** drama, twice

해석 안녕, Lori. 얘, 학교 연극반에 들어오는 게 어떠니? 나는 지난달에 가입했는데 정말 재미있어! 지금까지 우리는 14명이 있어. 우리는 매주 화요일과 목요일 방과 후에 3시간 동안 연습해. Sanders선생님이 맡고 계셔. 음, 어제 그분이 우리에게 연극 "Peggy McGuire의 모험"을 할 거라고 말씀하셨어! 내가 바로 주인공 – Peggy를 맡았어! 연극에서 Peggy의 가장 친한 친구는 Molly라는 이름의 아주 재미있는 소녀야. 그 애가 꼭 너 같아! 난 정말 네가 동아리에 들어와서 Molly의 역할을 해봐야 한다고 생각해. 너는 그걸 정말 잘할 거야! 딱 한 가지, 가입하면 넌 계속해야 해. 중간에 그만두어서는 안 돼. 어쨌든 생각해 보고 내일 내게 알려줘, 알았지? Beth가

문제 해설 I got the lead role right away — Peggy!에서 Peggy는 연극의 주인공 역할 이름이라는 것을 알 수 있고, 이 Peggy 역할은 편지를 쓴 Beth가 맡은 것이므로 ④가 정답이다. ① how would you like to be in the school's Drama Club? ② I joined last month ③ We practice for three hours every Tuesday and Thursday. ⑤ In the play, Peggy's best friend is a very funny girl named Molly.

서술형 문제 해설 '연극' 동아리 회원들은 연습하기 위해 일주일에 '2번' 모인다.

## Word Check        p.119

| | | |
|---|---|---|
| 1 made | 2 look for | 3 charge |
| 4 lose | 5 animal | 6 yesterday |
| 7 smart | 8 recipe | 9 invent |
| 10 second | 11 call | 12 play |

해석 1 그 다리는 나무로 만들어졌다.

2 나는 내 열쇠를 잃어버렸다. 나는 그것을 찾아야 한다.

3 Anderson 씨는 독서 동아리를 맡고 있다.

7 똑똑한: 영리하거나 총명한

8 조리법: 어떤 것을 요리하는 방법을 알려주는 설명

9 발명하다: 어떤 것을 처음으로 만들거나 구상하다

10 첫 번째 남자는 의사이다. 두 번째 남자는 교사이다. / 1분에는 60초가 있다.

11 우리 부모님은 나를 "사과"라고 부른다. / 내가 내일 네게 전화할게.
12 수지는 연극에서 주인공을 맡을 것이다. / 우리는 오후에 야구를 할 예정이다.

문제 해설 4 반의어 관계
5 범주에 속하는 것과 범주의 관계
6 두 빈칸에 공통으로 들어갈 수 없는 단어는 yesterday이다.

# Unit 15 도표 및 실용문의 이해

## Example ⑤                                              p.121

해석 Cappadocia는 터키의 매우 아름다운 지역입니다. 그곳은 계곡, 포도원, 그리고 "요정 굴뚝"이라고 불리는 높은 석조 탑으로 가득합니다. 여러분은 이것을 공중에서 저희 열기구 관광을 하면서 볼 수 있습니다.
언제: 우리 열기구는 매일 아침 해가 뜰 때 이륙합니다.
어디: 열기구는 요정 굴뚝 사이 아름다운 계곡을 떠내려갑니다.
소요시간: 각 관광은 1시간 정도 계속됩니다.
비용: 1인당 겨우 150유로. 6세 이하 아동은 무료로 탑승합니다.
와서 절대 영원히 잊지 못할 모험을 경험하세요!

### ✕ PRACTICE

1　1 ④　　2 The proportion of obesity
2　1 ⑤　　2 takes, 45, minutes
3　1 ⑤　　2 10
4　1 ①　　2 as, busy, as
장문 독해　1 ②　　2 has apples

## PRACTICE 1                                              p.122

1 ④　　2 The proportion of obesity

해석 대한민국 학생들의 비만율 증가
정부의 데이터에 따르면 대한민국의 초등학생과 중학생들의 비만율이 늘어나고 있는 실정이다. 6살에서 18살 사이의 비만 학생 비율이 2017년에는 17.3%로 가장 높다. 이것은 1년 전보다는 0.8 퍼센트 포인트 상승한 것이다. 2015년과 2016년 사이의 증가율은 2016년에서 2017년까지의 증가율보다 조금 높다. 6살에서 18살 사이의 비만 학생의 비율은 2013년에서 2017년까지 꾸준하게 상승해오고 있다. 2013년의 비만 비율은 2017년 비율보다 2.0 퍼센트 포인트 정도 낮았다.
문제 해설 2013년부터 2017년까지 학생들의 비만 비율이 꾸준하게 는 것이 아니라 표에 2014년의 경우 2013년보다 0.3 퍼센트 포인트가 낮음을 알 수 있으므로 steadily라고 한 것이 옳지 않다. ④번은 그래프 내용과 일치하지 않는다.
서술형 문제 해설 앞에서 언급한 'the+명사'를 받는 대명사로는 단수일 경우 that을, 복수일 경우 those를 쓴다. 따라서 that이 단수이므로 앞의 The proportion of obesity를 받는 대명사이다.
e.g. The ears of a rabbit are different from **those** of an elephant. (O) (토끼의 귀는 코끼리의 귀하고는 다르다.)
cf. The ears of a rabbit are different from an elephant. (X)

## PRACTICE 2                                              p.123

1 ⑤　　2 takes, 45, minutes

해석 해양 박물관으로 가는 우리 견학 여행은 6월 15일 목요일에 있습니다. 다음 일정을 보고 정시에 오세요:
오전 7:45 – 학교에 도착 / 오전 8:00 –버스에 탑승 / 오전 8:45 – 해양 박물관에 도착 / 오전 9:00 – 해양 박물관 관람 / 오후 12:00 – 점심 식사를 위해 피크닉 구역에서 만남 / 오후 12:45 – 버스로 돌아가기 / 오후 1:00 – 버스 출발 / 오후 1:45 – 학교에 다시 도착 /
올 건지 여부를 6월 1일 전에 알려 주세요.
문제 해설 마지막 문장 Please let us know before June 1 whether you will be coming.에서 6월 1일 전까지 참석 여부를 알려달라고 했는데, 견학 여행은 6월 15일에 가므로 10일 전이 아닌 2주(약 14일) 전까지 참석 여부를 알려야 한다. 따라서 ⑤가 정답이다.
서술형 문제 해설 아침 8시에 버스에 탑승하여 8시 45분에 박물관에 도착하는 일정이고, 오후에도 1시에 버스가 출발하여 1시 45분에 학교에 다시 도착하는 일정이므로 학교에서 박물관까지 소요 시간은 버스로 45분이다.

## PRACTICE 3                                              p.124

1 ⑤　　2 10

해석 Imagine Science Center로 오세요.
어린이, 십 대, 어른들에게 최고!
• 오전 9시에서 저녁 6시까지 매일 문을 엽니다.
• 10개 국어로 무료 오디오 투어를 할 수 있습니다.
• 과학 실험을 해 보세요.
• 식물에 대해서도 배워 보세요.
• 서점에는 만 권 이상의 책이 있습니다.
• 박물관 안에 훌륭한 카페가 하나가 있습니다.
문제 해설 ⑤ 서점에 만 권의 책이 있다는 말이지 도서관에 소장되어 있다는 말은 아니다. 따라서 ⑤가 정답이다.
서술형 문제 해설 안내문에 'There's a free audio tour in ten languages.'로 되어 있으므로 정답은 10이다.

## PRACTICE 4                                              p.125

1 ①　　2 as, busy, as

해석 "루브르의 친구"가 되세요. 오늘 카드를 받고 회원이 되세요!
회원들의 가능 사항:
• 원하는 만큼 자주 루브르를 방문
• 원할 때 언제든지 방문
• 가이드 딸린 관람과 특별 행사에 더 적은 비용 지불

청소년 카드:
- 18~25세 사이는 회원이 되기 위해 연 15유로만 냅니다.
- 26~29세 사이는 회원이 되기 위해 연 35유로를 냅니다.

가족 카드:
- 2명의 성인과 3명의 어린이로 구성된 가족은 연 80유로를 냅니다.
- 서로 꼭 혈연 관계가 아니어도 됩니다.

문제 해설 Members Can:에서 세 번째 내용, Pay less for guided tours and special events.를 보면 모든 행사에 할인이 적용되는 것이 아니라 특별한 행사(special events)에 한해 할인이 적용됨을 알 수 있다. 일치하지 않는 것은 ①번이다.

서술형 문제 해설 '~ (하는 것)만큼 …한[하게]'이라는 의미를 나타낼 때는 「as + 형용사/부사 + as」의 원급 비교 표현을 쓴다.

## 장문 독해                                                  p.126

**1** ②   **2** has apples

해석 위의 그래프는 센트럴 중학교에서 가장 인기 있는 간식을 보여 준다. 더 많은 소녀들이 가장 좋아하는 간식으로 사탕을 선택했다. 겨우 52명의 남학생에 비하여 약 79명의 여학생이 이 달콤한 사탕을 선호했다. 또한 남학생보다 더 적은 수의 여학생이 휴식 시간 중에 팝콘을 먹었다. 더 적은 비율의 남학생 – 사실 남학생의 70만명 – 이 팝콘을 고른 반면에, 90명의 여학생이 팝콘을 골랐다. 그러나 초콜릿바는 남학생들에게 더 인기 있는 선택이었다. 남학생들보다 더 적은 수의 여학생들이 아이스크림을 먹었다. 그리고 이것을 봐라: 여학생들이 건강에 가장 좋은 간식을 뽑는 최대 우승자였다. 남학생보다 훨씬 더 많은 여학생들이 과일을 선택했다. 그러나 여학생과 남학생의 취향이 쿠키에 대해서는 똑같았다: 각 그룹의 정확히 80명이 그들이 가장 좋아하는 간식으로 쿠키를 선택했다.

문제 해설 그래프의 팝콘 항목을 보면 남학생보다 여학생 사이에서 더 인기 있다. 따라서 ② Also, fewer girls ate popcorn during their break, than boys.가 그래프 내용과 일치하지 않는다.

서술형 문제 해설 갖고 있는 사과의 개수를 비교하여 말하는 문장으로 than 다음에 앞에 나온 내용이 반복되는 부분(has apples)을 대동사로 대신 표현하고 있다.

---

## Word Check                                              p.127

| | | |
|---|---|---|
| 1 explore | 2 member | 3 equal |
| 4 female | 5 choice | 6 head |
| 7 youth | 8 adult | 9 to |
| 10 ③ | 11 ⑤ | |

해석 1 우주비행사들이 달의 표면을 탐사할 것이다.
2 회원이 되려면 회비를 내야 한다.
3 1인치는 2.54센티미터와 같다.
6 향하다: 특정 방향으로 가다
7 젊은이: 일반적으로 젊은 사람들
8 성인: 다 자란 사람
9 우리는 내일 학교에 갈 필요가 없다. / 서울에 비해 제주도는 훨씬 인구가 적고 공기가 더 깨끗하다.
10 우리는 적어도 출발 10분 전에는 배에 승선해야 한다.
11 많은 학교들이 식사를 무료로 제공한다.

문제 해설 4 남성형 명사 – 여성형 명사 관계
5 동사 – 명사 관계

---

# Unit 16 문맥에 맞는 어휘, 문법성 판단

## Example ①                                               p.129

해석 교육부는 학생들의 건강을 증진시키기 위해 전국 모든 학교에서 고카페인의 에너지 드링크류의 판매를 금지하기로 결정했다. 이 결정은 심지어 그전에 선생님들을 위해 설치했던 커피 자판기들도 포함이 된다. 한국 학교의 학생들은 에너지 각성을 위해 더 이상 커피를 이용할 수 없다. 일부 부모들은 이런 결정에 지지를 하고 이런 새로운 정책이 효과가 있을 것이라 생각하지만, 다른 사람들은 학생들이 학교 밖에서 이러한 음료수를 쉽게 살 수 있기 때문에 그 금지가 성공할 것인지 의심한다.

### ✕ PRACTICE

**1** **1** ③   **2** Highways were covered with snow, and traffic stopped

**2** **1** ⑤   **2** Banff와 Louise 호수를 홍보[소개]하려고 / 여행객을 유치하려고

**3** **1** ⑤   **2** teacher, a, surprise, test

**4** **1** ②   **2** (1) 그녀는 우유를 사기 위해 가던 길을 멈춰 섰다.
(2) 그녀는 우유 사는 것을 중단했다.

장문 독해 **1** ②   **2** (1) They share news on SNS.
(2) They record events on their smartphones.

---

## PRACTICE 1                                               p.130

**1** ③   **2** Highways were covered with snow, and traffic stopped.

해석 지난겨울에, 북극의 거대한 공기 흐름이 북아메리카 많은 지역에 얼어붙을 듯한 날씨를 가져왔다. 약 2억 명의 사람들이 폭풍우의 세기를 느꼈다. 위험한 얼음 폭풍우가 평소에는 따뜻한 Georgia와 Florida 같은 주를 강타했다. 고속도로가 눈으로 덮였고 차가 서 버렸다. 많은 공항과 기업이 문을 닫아야 했다. 수천 명의 어린이들이 하교할 수가 없어, 밤새 그곳에서 자야 했다. 한파가 어마어마한 비상사태를 낳았다. 모두

"날씨가 어떻게 된 거지?"라고 묻기 시작했다.

**문제 해설** 기상이변이 가져온 폭설로 인해 도시가 마비된 상황을 전하는 글이다. 고속도로가 폭설로 인해 눈으로 '덮인' 것이므로 ③ covering은 현재분사가 아닌 수동의 의미를 나타내는 과거분사 형태(covered)가 되어야한다. covering → covered / 참고로, be covered with는 '~로 덮여 있다'는 의미의 표현이다.

**서술형 문제 해설** 본문 중 Highways were covered with snow, and traffic stopped. Many airports and businesses had to close. Thousands of children couldn't leave their schools, and had to sleep there overnight.은 폭풍우가 닥친 후 벌어진 상황들이다.

## PRACTICE 2                                       p.131

**1** ⑤  **2** Banff와 Louise 호수를 홍보[소개]하려고 / 여행객을 유치하려고

**해석** 캐나다 서부의 산악 지역에 있는 Banff와 Louise 호수로 오세요. 경치가 참으로 아름답고, 호텔은 세계적으로 유명합니다! 겨울에는 스키나 스노보드를 탈 수 있고, 개썰매를 타거나 말이 끄는 썰매를 탈 수 있습니다. 여름에는 캠핑을 하고 하이킹을 하며 말을 타거나 강 래프팅을 하러 갈 수 있습니다. 축제도 있습니다. 많은 관광객들이 매년 지구에서 가장 아름다운 자연을 보기 위해 Banff와 Louise 호수를 찾아옵니다. 여러분도 오셔야죠? 저희와 함께 다음 휴가를 계획하세요!

**문제 해설** (A) 캐나다의 관광지를 소개하고 있으므로 '경치'를 뜻하는 scenery가 적합하다. scenario는 '시나리오, 각본'이라는 의미이다. (B) 반의어로 짝지어져 있다. 썰매는 말이 앞에서 끄는 것이므로 '끌다'는 뜻의 동사가 쓰인 pulled가 알맞다. (C) '다음(next)' 휴가를 Banff에서 보낼 계획을 해보라는 의미이므로 next가 적절하다. 따라서 ⑤가 정답이다.

**서술형 문제 해설** 캐나다의 유명 관광지 Banff와 Louise 호수를 소개하면서 여행객들을 유치할 광고 목적으로 쓰인 글이다.

## PRACTICE 3                                       p.132

**1** ⑤  **2** teacher, a, surprise, test

**해석** Lily, 있잖아. 내가 오늘 아침에 영어 수업에 들어갔을 때 선생님이 미소를 짓고 계셨어. 그리고 난 "왜 선생님이 저렇게 즐거우신 거지?"라고 궁금했지. 그다음 난 알았어. 선생님이 "너희들에게 깜짝 시험을 실시할 거야! 여러분 모두 어제 열심히 공부했기를 바란다."라고 말씀하셨어. 우리 모두 괴로웠어. 나는 첫 페이지를 넘길 때 매우 걱정이 됐어. 그런데 그다음 난 최선을 다하기로 결심했어. 시험이 끝났을 때, 놀라워, 놀라워! 내가 대부분의 답을 맞춘거야! 그래서 나도 미소를 짓고 있었지.

**문제 해설** 오늘 오전에 있었던 일을 과거 시제로 진술하고 있다. 따라서 마지막 문장 역시 '미소를 짓고 있었다'는 의미가 되어야 자연스럽다. 그러므로 ⑤의 현재진행 시제는 과거진행 시제가 되어야 한다. am smiling → was smiling

**서술형 문제 해설** '선생님'이 '미리 예고에 없던 깜짝 시험'을 치러서 학생들이 괴로운 것이다.

## PRACTICE 4                                       p.133

**1** ②  **2** (1) 그녀는 우유를 사기 위해 가던 길을 멈춰 섰다.

(2) 그녀는 우유사는 것을 중단했다.

**해석** 많은 연구에 따르면 견과를 먹으면 심장에 좋을 수 있다. 아몬드와 호두 같은 견과에는 좋은 지방과 비타민 E, 그리고 식이섬유가 들어 있다. 그러나 일부 사람들은 견과가 비싸서 구매를 하지 않는다. 대신 그들은 견과와 똑같은 건강 효과가 있는 훨씬 덜 비싼 음식 하나를 알게되는데 그것이 땅콩이다. 땅콩도 여러분의 심장에 좋다. 그 이름에도 불구하고 땅콩은 실제로 견과가 아니다. 그것들은 콩과 같다. 한 연구에서 진짜 견과나 땅콩을 먹는 사람들이 먹지 않는 사람들보다 심장병으로 사망할 가능성이 적다고 밝혔다.

**문제 해설** ② 의미상 견과가 비싸서 사는 것을 그만 두었다는 의미가 되어야 하므로 to buy → buying으로 고쳐야 한다. ① 문장의 주어 자리이므로 동명사가 온 것은 옳다. ③ the same A as B: B와 같은 A ④ like(~와 같은)는 전치사로 쓰여 뒤에 명사(구)를 취한다. ⑤ either A or B는 상관접속사를 묻는 질문으로 'A, B둘 중의 하나'의 의미. A와 B에는 반드시 같은 문법적 항목이 와야 한다.

**서술형 문제 해설** 「stop + to부정사」: ~하기 위해 하던 일을 멈추다 「stop + 동명사」: ~하는 것을 중단하다

## 장문 독해                                        p.134

**1** ②  **2** (1) They share news on SNS. (2) They record events on their smartphones.

**해석** 수많은 사람들이 민주 국가에 산다. "민주적인"이라는 말은 "국민이 통치하는"을 의미한다. 캐나다, 한국, 그리고 호주와 같은 민주 국가들은 사람들이 자유롭도록 허용한다. 사람들은 또한 자유롭게 그들의 생각을 말할 수 있고, 인터넷으로 정보를 공유할 수 있다. 그러나 어떤 나라에서는 정부가 사람들이 말할 수 있는 것을 통제한다. 그들은 신문이 정부의 실수에 관해 말하는 것을 허용하지 않는다. 그들은 사람들이 진실을 발견하지 못하도록 하려고 한다. 그러나 지금은 예전보다 정보를 얻기가 더 쉽다. 요즘은 사람들이 사회를 변화시키고 싶을 때 SNS로 소식을 함께 나눈다. 그들은 스마트폰에 사건을 기록한다. 그들은 인터넷에 사진과 이야기를 올린다. 나쁜 정부들은 이것을 좋아하지 않지만, 그들로서는 이것을 막기가 어렵다. 그래서 여러분이 알 수 있듯이, 기술은 사람들이 자유롭게 되는 것을 도울 수 있다.

**문제 해설** 네 번째 문장에서 however로 민주주의가 실천되지 않는 국가에 대해 설명하고 있다. 즉 사람들이 말할 수 있는 것을 통제하는 국가에서는 신문이 정부의 실수에 관해 말하는 것을 금지(ban) 안 하는 것이 아니라 허용하지(allow) 않는다는 의미가 되어야 자연스럽다. 따라서 ②가 정답이다. ban → allow

**서술형 문제 해설** 요즘은 사회를 변화시키고 싶을 때 할 수 있는 행위는 다음과 같다. They share news on SNS. They record events on their smartphones. They post photos and stories on the Internet.

## Word Check                                       p.135

| | | |
|---|---|---|
| 1 giant | 2 weather | 3 wonder |
| 4 record | 5 create | 6 allow |
| 7 weather | 8 effective | 9 rule |
| 10 traffic | 11 push | 12 ⑤ |

해석 1 고속도로가 마치 거대한 주차장 같다.

2 오늘 날씨는 어떻지?

3 나는 이번 주말에 비가 올지 궁금하다.

4 나는 내가 하는 모든 것을 기록할 것이다.

5 Thomas Edison이 1879년에 전구를 만들었다.

6 음식과 음료는 지하철에서는 허용되지 않는다.

9 지배하다: 한 나라와 국민을 통제하거나 통치하다

10 교통: 차, 비행기 등의 한곳에서 다른 곳으로의 움직임

11 밀다: 어떤 사람 또는 어떤 것을 힘을 써서 자신으로부터 멀리 움직이
다

12 우리 아빠는 내가 컴퓨터 게임을 못하게 하셨다. / 도서관은 오전 7시
부터 오후 10시까지 연다.

문제 해설 7 범주에 속하는 단어와 범주 관계

8 부사 – 형용사 관계